Florian Coulmas

# DIE DEUTSCHEN SCHREIEN

Beobachtungen von einem, der aus dem Land des Lächelns kam

Rowohlt

Umschlaggestaltung any.way,
Barbara Hanke/Cordula Schmidt
Lektorat Hermann Gieselbusch

2. Auflage Januar 2002

Satz Aldus PostScript, PageMaker
bei Pinkuin Satz und Datentechnik, Berlin
Druck und Bindung Clausen & Bosse, Leck
Printed in Germany
ISBN 3 498 00921 4

Die Schreibweise entspricht
den Regeln der neuen Rechtschreibung.

# INHALT

ウリッセスに

（少年ジャンプの代わりに）

# UMZUG

Es klingelte an der Tür. Endlich. Wir warteten schon zwei Stunden. «Kann ich mal Ihre Toilette benutzen?», fragte ein unrasierter junger Mann, als ich öffnete. «Ich soll hier abladen», fügte er belehrend hinzu, da ich nicht auf der Stelle den Weg zur Toilette freigab. Er benutzte die Toilette und verschwand wieder nach draußen. Zwei Stunden später ein Anruf: «Wir kommen gegen eins.» Es wurde eins, es wurde zwei. Gegen Viertel nach zwei stand der Lastwagen mit dem Container vor der Tür. «Punkt acht Uhr dreißig sind wir bei Ihnen», hatte es geheißen, als ich den Termin mit dem Spediteur vereinbart hatte. Willkommen in Deutschland.

Der unrasierte Toilettenbenutzer war direkt zum Einsatzort bestellt worden. Er musste aushelfen, denn zwei der übrigen vier Packer, die mit dem Lastwagen kamen, waren Invaliden. Der eine trug seinen rechten Daumen, der andere seinen linken Arm in einer Binde. Was Wunder, dass nach den ersten fünf Kisten begonnen wurde zu stöhnen. Es waren dreihundert Einheiten: Kisten, Möbel und so weiter. Dem Frachtbrief war das unschwer zu entnehmen. Woher rührten die Überraschung und der Missmut, die in ihren Gesichtern standen? Hatte sie niemand gewarnt? Waren sie neu in ihrem Job? Wie viele Arbeitslose gab es doch in Deutschland?

Während der Unrasierte und die Invaliden sich mit Kisten und Möbeln abgaben, fuhr ich mit dem Vorarbeiter zum Lager, um das Auto abzuholen, das auch im Container gestanden hatte, aber zunächst bei der Rampe im Betriebshof abgestellt worden war. Manövriert hatte es offenbar kein sehr geübter Fahrer. An der rechten Seite war das Auto weiß, wo es vorher blau war. Das zu entdecken blieb mir vorbehalten. Sieht man doch, wieso also extra darauf hinweisen? Eigentlich sollte das Auto frei Haus geliefert werden, aber dann wäre es «morgen» oder «übermorgen» geworden. Übermorgen war Freitag, also frühestens Montag. Ich war jetzt froh, dass ich es selber fuhr, nicht nur wegen Montag, auch wegen der Schramme.

Zurück beim Container, waren da gewisse Fortschritte zu konstatieren, auch Schrammen im Treppenhaus. Niemand sagte etwas davon. Saft und Wasser standen reichlich bereit. «Kein Bier?» Willkommen in Deutschland.

Der Versuch, eine Kiste mit dem kleinen Rollwägelchen über die drei Stufen ins Haus zu hieven, scheiterte. Man hörte das Geschirr scheppern. «Ist die aber schwer.» Jetzt kamen die Kisten nur noch in den Flur, nicht wie besprochen in die Zimmer nach oben und unten. Bald fünf Uhr. «Hier, können Sie mal unterschreiben?» Ich erkundigte mich nach den Schrammen im Treppenhaus und am Auto. «Ach so, hier auf der Rückseite. Setzen Sie sich am besten selber mit der Versicherung in Verbindung.»

Froh, nach acht Wochen Leben aus dem Koffer wieder im Besitz unserer Sachen zu sein, waren wir nach dieser Initiation doch etwas geknickt. Dabei hatten wir die Zeit, die zwischen unserer Ankunft und der des Umzugscontainers vergangen war, nicht vertrödelt. Mit offenen Augen und Ohren hatten wir die neue Umgebung inspiziert und begonnen, uns auf sie einzustellen. Ein Schiff von Yokohama nach Bremerhaven ist rund vier Wochen unterwegs, aber mit Verladen, Verpacken, Zollabfertigung hüben und drüben gehen doch fast zwei Monate ins Land, bis die Sachen am Zielort sind. Wir hatten die Flugreise zwar für Ferien unterbrochen, waren aber doch noch gute sechs Wochen vor dem Container angekommen. Zeit genug, um das geistige Klima kennen zu lernen, zumindest oberflächlich. Beim Nachbarn zum Beispiel, Herrn N. Alles Einfamilienhäuser in der Straße, deshalb hat man wirklich Nachbarn. Kinder im Schlepptau, ging ich auf Herrn N. zu, der damit beschäftigt war, seinen Zaun an der Straße zu streichen. Gute Gelegenheit, dachte ich.

«Guten Tag», sagte ich, «wir wollten uns vorstellen. Das sind meine beiden Kinder. Wir ziehen nebenan ein, das haben Sie sicher schon gemerkt. Ich hoffe, wenn der Möbelwagen kommt, gibt es nicht zu viel Lärm. Ich werde Ihnen vorher Bescheid sagen. Auf gute Nachbarschaft!»

«Geht in Ordnung», sagte Herr N. und wandte sich wieder seinem Farbtopf zu. Die Nachbarn auf der anderen Seite des Hauses, zwei betagte Herrschaften, waren verwundert, aber freudig überrascht, als wir in ähnlicher Absicht, wie wir Herrn N. beim Zaunstreichen störten, bei ihnen klingelten. «Dass es so etwas noch gibt!» Wie wir offenbar nicht den Erwartungen unserer Umgebung entsprachen, entsprach die in vielem nicht unseren Erwartungen.

Das ist ja gerade das Interessante beim Umziehen. Es ist eine Lektion in der Möglichkeit des Andersseins. Jeder sollte gelegentlich mal umziehen. Davon, dass das die Wirtschaft kolossal beleben würde, will ich gar nicht reden, obwohl das der Maßstab aller Dinge zu sein scheint. Aber für das zivile Verhalten und die Aufdeckung der eigenen Vorurteile ist ein Umzug Gold wert. Mühsam, gewiss, und zeitraubend ist ein Umzug. Wie viel Kraft es kostet, den Mittelpunkt seines Lebens von einem Ort an einen anderen zu verlegen, weiß nur, wer darin Übung hat. Allein ist das eine Kleinigkeit. In, nach, von Tokyo habe ich das mehrfach getan. Es geht dabei ja hauptsächlich um die Verlegung des Schreibtisches, dessen geographische Lage immer unwichtiger wird, wo man doch ständig mit allen Leuten elektronisch in Kontakt ist. Für Eltern und Kinder aber spielt das ortsfeste soziale Beziehungsnetz eine viel größere Rolle. Steht der Aufwand im Verhältnis zu der Entfernung, die man bei einem Umzug zurücklegt? Vielleicht ein wenig, aber der geographische Abstand ist sicher weniger bedeutsam als der der Gepflogenheiten, der Gewohnheiten, der Routinen. Die Erwartungen, von denen man sich im Alltag leiten lässt, werden nolens volens bewusst gemacht, und man erkennt sehr schnell, dass fast alles, was man für selbstverständlich hält, auch anders sein könnte, ohne dass es weniger selbstverständlich wäre. Bei einem Umzug kriegt man einen Kurs in praktischer Ethnologie gratis dazu.

«Was haben Sie denn erwartet?», fragte wohlmeinend, aber mein Befremden über die Erfahrungen mit der Spedition doch etwas verspottend ein Kollege. «Vielleicht, dass sie mit Glacéhandschuhen kommen? Das sind schließlich Möbelpacker!»

Die Erwartung ist, dass Leute, die den ganzen Tag Kisten schleppen, raubeinige Kerle und nicht gerade zart besaitet sind. Das kann ja gar nicht anders sein, bei dem Job. Aber meistens kann es doch anders sein. Vielleicht hatte ich Glacéhandschuhe erwartet, und das war dann sicher eine deplatzierte Erwartung. Aber, mit Glacéhandschuhen oder ohne, mussten sie denn gleich ausgemachte Grobiane sein? Das zu erwarten oder nicht zu erwarten hängt davon ab, wo man sich befindet.

Jetzt befand ich mich in einem Kaff am Niederrhein. Ich könnte auch sagen, und Christiane zum Beispiel würde das sehr freuen: in einem schicken Vorort einer schicken Großstadt am Niederrhein. Das entspräche durchaus der Wahrheit, subjektiv jedenfalls, aus der Sicht derer, die in diesem noblen Vorort wohnen. Also: in einem Kaff (teuren Vorort) am Niederrhein. Mit Kaff will ich nichts anderes andeuten als die Größe des Ortes. Verglichen mit Tokyo ist fast jeder Ort ein Kaff. Frankfurt am Main, ein Kaff. Frankfurt an der Oder, noch viel mehr ein Kaff. Bonn, ein Kaff. Düsseldorf, ein Kaff. In Tokyo habe ich den größeren Teil meines erwachsenen Lebens gelebt. Unsere Kinder sind dort geboren und in die Schule gegangen. Von Tokyo führte der Umzug in das Kaff (den noblen Vorort) am Niederrhein. Eine gewisse Umstellung. Aber das war so gewollt; besser ein Kaff als eine Großstadt, die eben nicht Tokyo ist. Von Tokyo macht man sich im Übrigen ganz falsche Vorstellungen, aber dazu kommen wir noch.

Einstweilen, im Kaff auf meinen Kisten sitzend, ich hätte es nie für möglich gehalten, hatte ich Sehnsucht nach Herrn Kato. Sehr innig war meine Beziehung zu Herrn Kato nicht gewesen, auch nicht sehr lang. Nur zwei- oder dreimal hatte ich ihn gesehen und ein paar Mal am Telefon gesprochen, und doch sehnte ich mich nach ihm. Herr Kato war ein Herr, ein Herr, der es verstand, mir das Vertrauen zu vermitteln, dass mein Umzug in seinen Händen genauso gut aufgehoben war, wie wenn er gar nicht stattfände, wie wenn alles zu Hause in Tokyo bliebe. Sein eigener Hausaltar lag ihm nicht mehr am Herzen. Um den Umzug zu taxieren, kam er zu unserem Haus in Shimotakaido im feinen Anzug und blütenweißen Hemd. Er schrieb alles auf, wir tranken ein Tässchen Kaffee zusammen und wurden uns handelseinig. Ein Mann von Welt. Sicher, verkaufen will jeder. Die Konjunktur war eher schleppend. Alle Spediteure, die Angebote machten, schickten ebenso wohlgesittete wie wohlgekleidete Leute. Aber Herr Kato war nicht nur die Fassade seiner Firma. Was er versprach, war Service, und den kriegten wir, erwartungsgemäß. Es war nicht das erste Mal, dass ich in Japan umzog. Jedes Mal war es so. Herr Kato war nichts Besonderes. Er verkörperte die Erwartungen, die japanische Kunden an Vertreter von Speditionsfirmen stellen.

Es ist doch etwas mehr als Kofferpacken für die Ferien und das Haus sommerfest zu machen, wenn man umzieht. Eher so etwas wie eine Herztransplantation. Da muss vieles koordiniert werden. All die Nervenbahnen, Zu- und Ableitungen, Bindegewebsansätze und was noch alles ein Herz am Schlagen hält, müssen ohne Schaden gekappt werden und auf eine Weise, dass die übrigen Funktionen des Organismus möglichst nicht beeinträchtigt werden. Alles muss im richtigen Moment geschehen. Wenn man Gas und Strom zu früh abstellen lässt, kann man nicht mehr baden. Zu spät ist auch nicht gut, denn dann muss man wieder zurück in das leere Haus, nur um darauf zu warten, dass jemand kommt und die Zähler abliest. Ohne Telefon dazusitzen ist in solchen Situationen besonders hinderlich, was allerdings heute, wo jedes Familienmitglied sein eigenes Handy hat, nicht mehr so bedrohlich ist. In Tokyo kann man Handys mit einem Kontingent vorausbezahlter Einheiten kaufen. Dazu braucht man nicht polizeilich gemeldet zu sein und nicht einmal eine Adresse zu haben und hat dann ein Telefon bis zur letzten Minute. Bis zum Schluss bleibt viel zu tun. Abmeldung bei der Stadtverwaltung, in Schule und Kindergarten; die Benachrichtigung der Post, Kranken- und Feuerversicherung; Banken, Daueraufträge, der Steuerberater, Rentenversicherung, die verschiedenen Arbeitgeber, das Auto. Man merkt plötzlich, was so ein Leben ausmacht, einen Haufen Papier plus zahllose elektronische Spuren. Für Freunde, das große Abschiedsfest und den Verkauf der Erbpacht fühlte sich Herr Kato nicht verantwortlich, für alles andere bot er seine Dienste an, unaufdringliche logistische Unterstützung, die sehr nützlich war. Ab und zu rief er in der Vorphase von sich aus an: Jetzt ist es Zeit, die Stadtwerke zu benachrichtigen. Haben Sie an den Sperrmüll gedacht? Brauchen Sie keine Adapter für Elektrogeräte? Und Ihre Tageszeitung? Was ist mit den Nachbarn? Wissen die, dass da ein großer Lastwagen kommt und den ganzen Tag im Weg steht?

Als es so weit war, kamen seine Leute ein wenig zu früh. Bei den Verkehrsverhältnissen in Tokyo weiß man nie. Sie klingelten und fragten höflich, ob sie schon anfangen oder noch warten sollten. Fünf Packer in sauberen, frisch gebügelten Firmenanzügen, die, als sie einmal begonnen hatten, bis zur Mittagspause ebenso zügig wie behutsam vor sich hin arbeiteten. Nach eineinhalb Tagen waren sie fertig. Nichts war zu Bruch gegangen. Sie machten sauber, verbeugten sich und zogen ab. Ein Trinkgeld hätte sie beleidigt. Sie machten ihre Arbeit, und dafür wurden sie bezahlt. Die *Japan Times*, für die ich schrieb, gab mir auch kein Trinkgeld. Dem Friseur, dem Taxifahrer, dem Portier, dem Kellner? Niemand kriegt Trinkgeld. Trinkgeld ist gegen die Würde. Nicht, dass es in Japan keine Statusunterschiede gäbe, kein soziales Gefälle. Diese Unterschiede werden aber nicht durch Trinkgeld hervorgehoben. Trinkgeld zerschneidet die Gemeinsamkeiten zwischen den Menschen, trennt zwischen Gebern und Empfängern. Auch wenn die Packer weniger Geld haben als ich, verdienen sie doch einen ehrlichen Lohn. Dass sie kein Trinkgeld zu erwarten, sein Ausbleiben oder zu niedriges Ausfallen nicht zu befürchten haben, erlaubt den Tokyoter Packern, ganz anders mit mir umzugehen als den Packern im niederrheinischen Kaff. Ihre Arbeit hat nichts Subalternes. Sie blicken mir gerade ins Gesicht: Sie tun ihre Arbeit, ich meine. Sie stöhnten nicht, obwohl die Kisten in Tokyo nicht leichter waren als am Niederrhein. Bücher, das sollte allen, die sie schreiben und sich gegen ihre nur elektronische Veröffentlichung wehren, ein schlechtes Gewissen bereiten, Bücher sind verheerend für den Rücken. Und bei jeder Kiste die Schuhe wieder anzuziehen, die man vor dem Betreten des Hauses auszog, macht die Schlepperei nicht einfacher. Desgleichen bei den Möbeln. Schuhe aus, Schuhe an. Nicht mit Schuhen ins Haus. Das gilt normalerweise, und auch wenn Umzug ist, werden diese Regeln nicht suspendiert.

Ich sehnte mich nach Herrn Kato und seinen Leuten nicht nur, weil sie so viel angenehmer im Umgang waren als ihre Kollegen am Niederrhein, sondern auch weil sie besser arbeiteten. Auspacken am Zielort fiel aus, weil der Transport mehr als einen halben Tag zu spät kam. Schlechte Planung und schlechte Ausführung. Ein halber Tag, an dem man, außer sich zu sammeln, wenig machen kann, da man ja jede Minute auf den Container wartet – Herr Kato hätte mir das nicht zugemutet. Dieser Gedanke begann sich, zunächst noch ganz leise, in meinem Hinterkopf zu bilden, ließ mich aber nicht wieder los. Immerhin hatten wir ein Telefon. Das war ein kleiner Trost und ein entscheidender Vorteil, wenn man wartet, wie ich inzwischen wusste.

Von welcher Firma wir das Telefon installieren lassen sollten, hatte ich mich vorsorglich erkundigt. Wir brauchten allerlei, Anschlüsse in verschiedenen Zimmern, ISDN, Fax, Internet. Die Deutsche Telekom hatte mir jemand, der was davon versteht, empfohlen. Schön. Geräte gekauft, einen genauen Plan gemacht, für alles, was gebraucht wurde, und einen Termin abgesprochen.

«Donnerstag, ab vierzehn Uhr», sagte der Verkäufer entschlossen.

«Warum nicht um vierzehn Uhr?», fragte ich.

«Eine halbe Stunde Spielraum müssen Sie uns schon lassen», belehrte mich der Mann im T-Punkt-Laden von der Deutschen Telekom. Ja, der Firma, deren Kurse an der Wertpapierbörse damals alle Rekorde brachen. Sehr instruktiv ist das, wenn man verstehen will, wie die Börse funktioniert. Träume und Schäume, Erwartungen und Hoffnungen spiegeln sich in Aktienpreisen, alles andere als handfeste Qualitäten. Der Aktienkurs der Deutschen Telekom hat jedenfalls herzlich wenig damit zu tun, wie gut die Leute vom T-Punkt-Laden darin sind, Telefonanschlüsse zu legen. Donnerstag, neunzehn Uhr, kein Mann von der Deutschen Telekom. Freitag nichts. Wochenende. Montag nichts. Dienstag ein Anruf meinerseits.

«Ja, wir konnten Sie ja nicht erreichen.»

Wie wahr.

«Hat etwas länger gedauert, bei einem anderen Kunden.»

Wieder waren meine japanisch konditionierten Erwartungen so unangemessen, dass sich eine adäquate Reaktion nicht schnell genug einstellte. Zu fragen, wieso die Deutsche Telekom nicht zum nächstmöglichen Termin bei mir vor dem Haus stand, auch auf das Risiko, umsonst zu kommen oder warten zu müssen, war ich zu verblüfft.

Aber inzwischen hatte ich ja mein Telefon, war erreichbar für die Mitteilung, dass sich die Lieferung etwas verzögern würde. Das war gut so. Auf diese Weise kam ich nämlich in den Genuss eines Verfahrens, das Sprachlehrer Immersion nennen. Jemanden, der schwimmen lernen soll, ins Wasser schmeißen bedeutet das. Nicht lange warten und alles vorsichtig vorbereiten, erst nur den Zeh ins Wasser stecken, nein, gleich von Anfang an alles von Kopf bis Fuß nur in der zu erlernenden Sprache. So ungefähr ist es bei einem Umzug. Erst mal ein bisschen probeumziehen wäre schön, aber das geht nicht. Überdies kannte ich die Sprache des Zielortes durchaus und dachte zu wissen, was mich erwartete. Verschiedene Bedingungen ihres richtigen Gebrauchs musste ich freilich lernen. Gleich beim Einzug mit der Mitteilung vertraut gemacht zu werden, dass sich die Lieferung etwas verzögern würde, war jedenfalls sehr nützlich, denn für keine andere Botschaft wurde ich in den folgenden Monaten öfter angerufen.

Überhaupt war alles, was Spediteur und Packer zu sagen hatten, höchst aufschlussreich. Obwohl sie in einer Branche arbeiten, deren Lebensinhalt es ist, Grenzen zu überschreiten und anderen dabei behilflich zu sein, offenbaren sie doch in ihrem Verhalten sehr viel von der lokalen Kultur. Ethnographen sollten sich viel mehr mit ihnen beschäftigen. «Kleine Ethnographie der Spedition» oder «Mensch und Spediteur» oder «Spediteure der Welt», das wäre doch eine Studie wert. Nicht die Dichter und Denker, die Tee-Meister und Kabukispieler schaut euch an, sondern die Spediteure hüben und drüben! Nichts gegen Oe Kenzaburo und Günter Grass, aber Herr Kato und Herr Unterschulz stehen ihnen als Exponenten der Kultur nicht nach. Spediteure wissen sehr viel darüber, wie die Menschen leben und was sie für wichtig halten, was für einen Ballast sie von einer Station ihres Lebens zur nächsten mit sich herumschleppen. Wie viele entbehrliche Dinge werden nicht tagtäglich von Speditionen in aller Welt hin und her geschickt! Alles ein Teil unserer fundamental unnomadischen Kultur. Man wandert nicht mehr umher, man nimmt praktisch sein ganzes Haus außer den Außenwänden mit, vertraut es dem Spediteur an und lässt es an einen anderen Ort bringen. Dabei hat man es unvermeidlich an beiden Enden des Umzugs mit Speditionen zu tun, den Dolmetschern des materiellen Hausstands. Da beide mehr oder weniger die gleichen Arbeiten verrichten, nur zum Teil in umgekehrter Reihenfolge, eignen sie sich bestens zum Vergleich. Ein solcher zeigt, dass Ruppigkeit nichts ist, was dem Packersein «an und für sich», wie man in Deutschland sagt, anhaftet. Der Packer an und für sich ist genauso eine Chimäre wie der Mensch an und für sich. Aber die Philosophie des Packerseins muss noch geschrieben werden. (Mit der Ästhetik beschäftigt sich ja schon Christo.)

Dass Packer überall auf der Welt gleich seien, gehört zu den schlimmsten Vorurteilen überhaupt. Wer das glaubt, kann seine gerade begonnene Karriere als Amateurethnologe gleich an den Nagel hängen. Oder Taxifahrer. Oder Müllmänner. Oder Professoren. Die Frage meines Kollegen, was ich denn erwartet hatte, es seien ja schließlich Packer, kriegt, wenn man das beherzigt, eine etwas andere Wendung, die vielleicht manchem unangenehm ist: Was hatte ich denn erwartet, es waren ja schließlich Packer vom Niederrhein? Oder noch schlimmer: Was hatte ich denn erwartet, es waren ja schließlich deutsche Packer? Ich hatte zunächst gar nichts erwartet, jedenfalls nicht überlegtermaßen. Ich wollte nur, dass mein Umzug rasch und ohne Pannen erledigt wurde. Aber unbewussten Annahmen und Regelmäßigkeiten folgt jeder. Sie beinhalten viel von dem, was einer Gesellschaft ihren besonderen Charakter gibt, das, was wir Kultur nennen.

In Japan ist das Einpacken eine Kunst, die jeder Verkäufer erlernt. Die billigsten Gegenstände kann man sich einpacken lassen, bei teuren ist die Verpackung selbst wertvoll. Ein Hemd von Kenzo wird nicht einfach in eine Plastiktüte geschmissen, sondern im Laden so schön verpackt, dass man es zu Hause gar nicht wieder auspacken will. Diese Sorgfalt im Umgang mit dem Objekt erkenne ich noch an den von Herrn Katos Leuten eingepackten Umzugskisten wieder.

Überall sind die Annahmen und Regelmäßigkeiten des Alltagslebens ein wenig anders. Das ist selbstverständlich. Jeder weiß das. Auf der entlegensten Insel und im letzten Tal des Hinterwaldes rechnet man mit nichts mehr, als dass Zugereiste und Feriengäste sich komisch benehmen. Wieso sollten das die Zugereisten und die Feriengäste selber nicht auch wissen? Um einen Kulturschock zu kriegen, muss man schon ziemlich verbohrt sein. Kulturschock ist ein akademisches Wort für «hier gefällt's mir nicht». So wie Haarfärbemittel, die über die Wirklichkeit hinwegtäuschen, ist es allerdings für manche recht einträglich. Für die nämlich, die ihr Brot mit der Erforschung des Kulturschocks und der Entwicklung oder Verabreichung von Therapien verdienen. Die Kulturschock AG hätte vielleicht sogar auf dem neuen Markt an der Börse Chancen, wie die Deutsche Telekom. Jeder Tourist weiß ja aus dem Fernsehen, wenn nicht gar aus eigener Erfahrung, dass es woanders anders ist. Aber wenn man das Alterität nennt, kann man davon vielleicht einen Kulturschock kriegen oder sich eine goldene Nase verdienen.

Genau genommen, hätte ich also nicht kulturschockiert sein dürfen durch den Umzug. Dass dennoch eine gewisse Bestürzung – wollen wir es Kulturbestürzung oder Kulturschreck nennen? – sich einstellte, ist in mehrfacher Hinsicht den Kindern zu verdanken, ihrer Sensibilität und dem Umstand ihrer Existenz. Ich kannte Deutschland von früher, aber ich war nie in Deutschland Vater gewesen. In Japan war ich nie kulturschockiert. Ich war aus freiem Entschluss dorthin gegangen. Meine Umgebung bot mir keinen Anlass, schockiert zu sein. Außerdem hätte ich das unbillig gefunden. Durfte ich etwas anderes erwarten, als dass ich auf Unvertrautes, manchmal vielleicht auch Unverständliches stieß? Vieles wurde dann vertraut im Laufe der Jahre. Mit den Kindern zusammen und vor allem durch sie wurde ich ein zweites Mal sozialisiert. Sie vor allen Dingen erwarteten und durften erwarten, dass ich mich normal benahm, irgendwie im Einklang jedenfalls mit der Umgebung. Ihretwegen war ich zu Zugeständnissen und Anpassungen bereit, die ich mir solo nie abverlangt hätte.

Nun war ich in die Rückkehrfalle getappt. Gelegentlich war ich in den letzten beiden Jahrzehnten nach Deutschland gekommen, aber nie für den Alltag. Der hatte sich unversehens gehörig verändert, oder ich. Jetzt, beim Umzug nach Deutschland, fehlte der Reiz des Neuen, der es einem so leicht macht, hinter Engstirnigkeit und anderen unerfreulichen Eigenschaften ein Geheimnis zu vermuten, das es sich zu ergründen lohnt, um «die Kultur zu verstehen». Der Kulturbonus löst sich in nichts auf, je besser man sich auskennt. Unvertrautes ist Kultur, Vertrautes schlechte Angewohnheit. Borniertheit, Unflexibilität und Sturheit sind nicht mehr mit dem gnädigen Mäntelchen der Exotik umhüllt, sie sind nur noch Borniertheit, Unflexibilität und Sturheit. Die Blödheit der Kultur überlagert ihr Mysterium. Aus dem neugierigen Beobachter, der Verhaltensformen, die ihm missbehagen, trotzdem mit Toleranz betrachtet, wird deshalb ein ungeduldiger Kritiker: der Fremde zu Hause. Auf Distanz zu gehen ist für ihn viel schwieriger als in der Fremde unter Umständen, wo auch nach langen Jahren die Grundvoraussetzung gilt, dass es vielleicht etwas Aufschlussreiches zu lernen gibt. Das Eingeständnis, zurückgeblieben zu sein, fällt niemandem leicht, am wenigsten denen, die sich damit beschäftigen, andere zu belehren.

## ORDNUNG UND KNIE BRÄUNEN

Wir hatten Glück. Die drängendste Sorge bei einem Umzug sind die Kinder. Wie werden sie sich in der neuen Umgebung zurechtfinden? Wie werden ihnen die neue Schule, der neue Kindergarten gefallen? Werden sie neue Freundschaften schließen? Der nach acht Wochen gefundene Kindergartenplatz war eine Erleichterung, denn der fünfjährigen Tochter fehlten nach eigenem Bekunden Gleichaltrige zum Spielen. Den Tokyoter Freunden schrieb sie Briefe, aber das konnte sie ja nicht den ganzen Tag lang tun. Was sie bisher von Kindergärten wusste, ließ sie ungeduldig auf den Moment warten, wieder in einem zu sein. Der Umzug, das verstand sie, war ein Interim. Danach würden wir zur Normalität zurückkehren, und die hieß für sie Kindergarten.

Die ersten Anläufe waren vergeblich gewesen. Alle Kindergärten in erreichbarer Nähe waren voll. Zwar hat nach dem Gesetz, wie wir herausfanden, jedes Kind ab drei Anspruch auf einen Kindergartenplatz, aber dem Gesetz wird keineswegs überall Genüge getan. Von Müttern, die sich schon pränatal, wenn nicht gar vor der Empfängnis um einen Kindergartenplatz bewarben, hörten wir, von Eltern, die dreißig Kilometer zum Kindergarten fuhren, und andere wenig ermutigende Geschichten. Da konnten wir wirklich von Glück sagen, dass wir nach mehrfachem Vorsprechen bei den Autoritäten doch relativ schnell einen Platz gefunden hatten. Das wurde uns freilich auch bedeutet. Nicht ein Anspruch wurde hier erfüllt, sondern eine Gunst verliehen, die uns zu ewigem Dank verpflichtete. Diesen Eindruck vermittelte der huldvolle Gestus, mit dem die Kindergartenleiterin das Kind unter ihre Fittiche nahm. Ganz blind schien das Glück außerdem nicht gewesen zu sein, als es den freien Kindergartenplatz uns in den Schoß fallen ließ. Betuchtere Eltern, so deuteten andere Eltern an, hatten bessere Chancen, und zwar nicht, weil irgendjemand sie netter fand oder lieber mit ihnen umgehen wollte, sondern weil die Gebühren nach Einkommen gestaffelt sind. Wer den Höchstsatz zahlt, trägt am meisten dazu bei, die Löcher im zu knapp bemessenen Haushalt zu stopfen, und ist deshalb willkommen. Eine soziale Maßnahme völlig pervertiert.

Wenn schon Spediteure unser Interesse verdienen, dann Erzieherinnen, wie sie sich voller Stolz nennen, umso mehr. Denn sie haben den Auftrag, aus den kleinen Wilden, die ihnen anvertraut werden, soziale Wesen zu machen. Trotz aller individuellen Unterschiede sind Erzieherinnen die Fleisch gewordene linke Hand der Gesellschaft, mit der diese sich ihrer Neuankömmlinge bemächtigt, aus Kindern Deutsche hier und Japaner dort macht. Diese Hand hat einen festen Griff. Auch wenn er zart ist, können die Kleinen sich ihm doch nicht entziehen. Erzieherinnen sind unglaublich wichtig, denn sie regieren über die Zukunft. In der Welt ihrer Schützlinge gibt es nicht viele Erwachsene. Neben den Eltern, der rechten Hand, nehmen sie die prominenteste Stellung ein. Entsprechend groß ist die Verantwortung, die sie tragen. Ein gut funktionierender Kindergarten ist ein Segen für Kinder und Eltern und somit für die Gesellschaft als Ganzes. Den Kindern vermittelt er insbesondere soziale Fähigkeiten, die sie in der Kleinfamilie nicht erwerben können; den Eltern gewährt er ein Stück Freiheit.

Eltern und Tochter sahen dem Tag, an dem sie nach dreimonatiger Unterbrechung wieder in den Kindergarten gehen konnte, deshalb gleichermaßen ungeduldig entgegen. Lange sollte das Vergnügen nicht währen, da die Tochter ein paar Monate später eingeschult wurde. Zum Glück. Denn der Kindergarten am Niederrhein barg so manche Überraschung. Aufräumen zum Beispiel.

«Räum deine Spielsachen auf», sagte ich zu der Tochter, als ich sie nachmittags abholte.

«Wohin?», fragte sie unsicher, als ob ich das wissen müsste.

«Wieso weißt du das nicht? Du bist doch jetzt schon eine Woche hier.»

«Ich weiß nicht», murmelte sie, die in Tokyo immer für die anderen mit aufgeräumt hatte. Die Kindergärtnerin zuckte auf meine Erkundigung mit den Achseln:

«Lassen Sie mal, die können morgen weiterspielen.»

Aufräumen stand nicht auf dem Programm. Entsprechend sah es aus. Überall lag Spielzeug herum. Höhlen, die sich Kinder mit Stühlen, Decken, Hockern bauten, blieben oft tagelang stehen. Ab und zu wurde natürlich aufgeräumt, aber das war nicht Teil der Tagesroutine. Auch wurde es meistens von den Kindergärtnerinnen erledigt, die wohl wussten, dass das schneller ging und weniger mühsam war, als wenn man es die Kinder tun ließ. Mühe zu sparen schien überhaupt ein wichtiges Prinzip zu sein, das den Lauf der Dinge im Kindergarten bestimmte.

Ordnung zu halten, wenn man es den ganzen Tag mit Analphabeten zu tun hat, ist zweifellos eine beträchtliche Herausforderung. Einer solchen sich zu stellen, dachte ich etwas naiv – oder besser gesagt, vom Kindergarten in Shimotakaido verwöhnt –, war der Lebensinhalt der Erzieherin. Das braucht nicht oppressiv zu sein. Im Leben gibt es auch andere Dinge neben der Ordnung, die wichtig sind und die die Kleinen lernen müssen. Aber ganz ohne Ordnung kann eine Gesellschaft nicht bestehen. Die jeweils geltende Ordnung der nächsten Generation zu vermitteln ist das, was man Sozialisation nennt. Je deutlicher die der Ordnung zugrunde liegenden Prinzipien sind, desto einfacher ist es für die Kinder. Im Kindergarten am Niederrhein waren diese Prinzipien ganz und gar undeutlich. Mal Ordnung, mal Unordnung, ein großes Mysterium.

Mal Ordnung, mal Unordnung gab es im Kindergarten in Shimotakaido auch, viel Unordnung sogar. Aber über der Unordnung gibt es eine Ordnung. So war es im Kindergarten in Shimotakaido, der sich durch nichts vor anderen auszeichnete, ein ganz normaler städtischer Kindergarten in einer ganz normalen Wohngegend mit sehr gemischtem Publikum, kurz: nichts Besonderes. Kinder in japanischen Kindergärten dürfen viel. Sie werden praktisch nie diszipliniert, auch wenn das in Europa über japanische Erziehungsmethoden verbreiteten Stereotypen widerspricht. Außer wenn es gefährlich wird, greifen die Erzieherinnen in das Spielen und Toben der Kinder nicht ein, und gefährlich wird es selten, da die Kindergärten so gebaut und ausgestattet sind, dass sich die Kleinen nicht so leicht verletzen können. Sie können tun und lassen, was sie wollen, innerhalb dafür bestimmter, klar abgegrenzter Phasen. Dann kehrt wieder Ordnung ein, wird aufgeräumt, Tisch gedeckt, das Zimmer zum Mittagsschlaf hergerichtet. All dies geschieht unter Mitwirkung der Kinder, die dazu freilich nicht gezwungen werden. Es wird ihnen aber immer sehr deutlich signalisiert, dass es eine Ordnung gibt. Abweichungen davon werden mit schier endloser Geduld toleriert. Wenn ein Kind nicht mitspielen will, sich am Ordnungmachen nicht beteiligen will, keine Lust hat, den Tisch zu decken oder abzuräumen, seinen Freund – so die übliche Anrede von Kindern, deren Namen man nicht kennt – beim Spaziergang nicht an der Hand fassen will, dann wird es belachelt, nicht gescholten. Das Belächeln ist kein Auslachen. Es sagt nur: Der kleine Freund weiß es noch nicht besser, muss noch lernen. In japanischen Kindergärten regiert Lob, nicht Tadel. Praktisch die einzige Gelegenheit, bei der ein Kind zu etwas gezwungen wird, ist, wenn es einem anderen wehgetan oder etwas von einem anderen kaputtgemacht hat. Dann wird es dazu gebracht, sich zu entschuldigen. Das ist wichtig und wird sehr konsequent gehandhabt, sodass die Kinder nicht im Zweifel darüber gelassen werden, was richtig und was falsch ist.

Solche Zweifel zu haben, gab es für die Tochter im

Kindergarten am Niederrhein oft Grund, und das lag nicht nur daran, dass die Normen anfangs unvertraut waren, weil sie von denen in Shimotakaido abwichen. Es gab keine Normen. Der Ruf nach Ordnung, wenn er denn erscholl, kam unerwartet wie ein Gewitter, so als wäre die persönliche Toleranzschwelle für Unordnung der Erzieherin überschritten. Die variierte freilich von Tag zu Tag und von Person zu Person. Welches Prinzip außer vielleicht dem Prinzip Laune dahinter stand, war ein Geheimnis, für Kinder wie für Erwachsene. Gewiss, es gab gute Erzieherinnen, die mit den Kleinen spielten, ihnen dabei alles Mögliche beibrachten und über einen unerschöpflichen Vorrat an Geduld zu verfügen schienen. Dann aber gab es die cholerischen Typen, die ein Kind im Brustton der gerechtfertigten Empörung zurechtwiesen, wenn es seinen Kakao umkippte. Diesen Ton der Empörung, der besagt, dass man doch eigentlich erwarten kann, dass Kinder den Ordnungsvorstellungen der Erwachsenen – zum Beispiel: nicht dreimal hintereinander Kakao umkippen – gerecht werden, diesen Ton der Empörung habe ich aus dem Mund einer japanischen Kindergärtnerin nie gehört, noch jemals eine erhobene Stimme. Das gilt als unprofessionell.

Genau diesen Eindruck vermittelte der Kindergarten am Niederrhein: unprofessionell. Die Variationsbreite zwischen guten und schlechten Erzieherinnen war viel zu groß. Um an eine gute Erzieherin zu kommen, musste man Glück haben, es war nicht selbstverständlich. Das war sehr anders in Shimotakaido, wo ich über zwei Kinder und zehn Jahre viele Kindergärtnerinnen kennen gelernt habe. Alles Profis, die sich niemals erlauben würden, ihren Launen einen bestimmenden Einfluss auf das Tagesgeschehen in ihrer Gruppe einzuräumen. Ihre Grundhaltung gegenüber ihrer Arbeit und den Kindern war eine völlig andere als am Niederrhein. Sie hatten einen Bildungsauftrag, keinen Aufpassauftrag. Für die Kinder ist der niederrheinische Kindergarten viel schwieriger als der Tokyoter, denn wie sie es den Erwachsenen recht machen können, ist von einer Kindergärtnerin zur anderen verschieden, und recht machen müssen sie es ihnen ja. So werden sie zur Flexibilität erzogen, versucht mancher aus diesem Knochen Honig zu saugen. Doch verschwimmt hier der Unterschied zwischen Geschmeidigkeit und Willkür, zwischen der situationsgerechten Anpassung von Normen und deren Abwesenheit. Dass wir je nach Standpunkt ein und dasselbe Verhalten variabel und flexibel oder unkontrolliert und inkonsequent nennen können, markiert signifikante kulturelle Unterschiede.

Die Menschen, mit denen es die Erzieherinnen am Niederrhein zu tun haben, so hatte ich oft den Eindruck, wurden wie kleine Erwachsene behandelt, die ständig Normen des erwachsenen Verhaltens verletzten und deshalb ständig gemaßregelt werden mussten. Immer wenn ich kam, wurden Kinder gegängelt. «Lass das! Tu das! Mach das nicht so, sondern so!» Die Kinder in Shimotakaido konnten viel unbeschwerter Kinder sein, die sich kindlich verhielten. Für Kinder sind ganz andere Dinge angemessen als für Erwachsene. Vorstellungen von Angemessenheit sind in Japan sehr ausgeprägt, und sie sind immer alters-, geschlechts-, berufs- und situationsbezogen. Einmal am Niederrhein beim Abholen am Nachmittag saßen zwei Kindergärtnerinnen mit hochgezogenen Röcken draußen in der Sonne, hielten einen

Schwatz und bräunten ihre Knie. Hoffentlich stören die Kinder nicht, so saßen sie da. Den aufgefangenen Gesprächsfetzen war zu entnehmen, dass ihre Unterhaltung nichts mit den Kindern zu tun hatte. Unprofessionell. Ein solches Verhalten, das hierzulande eher unauffällig ist, wäre in Japan undenkbar, denn es besteht in der Vermischung von Privatem und Beruflichem.

«Ich bin auch nur ein Mensch», sagte eine Erzieherin zu meinem erschrockenen Gesicht, als sie einen kleinen Jungen anfuhr, er solle gefälligst raus in den Garten gehen. Schon dreimal habe sie ihm das gesagt. Das Menschsein reklamierte sie als Rechtfertigung für Unbeherrschtheit. Andere Fehler und Schwächen werden häufig mit demselben Hinweis entschuldigt, statt die Motivation für doppelte Anstrengung abzugeben, um die Unzulänglichkeiten, deren man sich schmerzlich bewusst ist, wettzumachen. Nicht zur beständigen Kontrolle der eigenen Leistung fordert die Einsicht in die Conditio humana auf, sondern dazu, sich über Fehler und Schwächen nicht aufzuregen. Professionalisierung heißt unter anderem, Schwankungen, die mit Launen und Tagesform zu tun haben, in einem Betätigungsfeld zu minimieren beziehungsweise daraus zu eliminieren. Will man mit einem launischen Piloten, einem Chirurgen in schlechter Form rechnen müssen, wenn man auf Reisen oder unters Messer geht? Der Grad der Professionalisierung der niederrheinischen Kindergärten ist niedriger als der ihrer Tokyoter Gegenstücke. Bei vielen Erzieherinnen hier hat man den Eindruck, dass sie in Ermangelung eines Besseren ihren Job machen. Japanische Erzieherinnen üben einen angesehenen Beruf aus, für den sie bestens qualifiziert sind und dessen Bedeutung sie selbst hoch einschätzen. Sie haben ein professionelles Arbeitsethos, das man so ausgeprägt in Deutschland vermisst.

Dabei geht es nicht um irgendein Handwerk, das aufgrund historischer Zufälligkeiten hier höheres Ansehen genießt, besser bezahlt wird, höher entwickelt ist als dort. Solche Unterschiede sind bloß folkloristisches Kolorit. Nein, hier geht es um eine Profession, die eine Schlüsselrolle bei der Formung der zukünftigen Gesellschaftsordnung spielt. Das Ansehen, das Erzieherinnen genießen, die Bedeutung, die die Öffentlichkeit ihnen und die sie ihrer Aufgabe zumessen, sind deshalb für die bewusste Gestaltung der Gesellschaft äußerst wichtig. Auch die Ausstattung öffentlicher Kindergärten sagt etwas über die Weitsichtigkeit der Gesellschaft im Hinblick auf ihre eigene Zukunft. Zwei Kindergärtnerinnen für eine Jahrgangsgruppe von zehn Kindern plus Krankenschwester und Küchenpersonal für den ganzen Kindergarten von rund sechzig Kindern, das sind japanische Zustände, von denen deutsche Erzieherinnen nur träumen können. Sie erleichtern es auf nicht oder doch wenig repressive Weise, Ordnung zu halten.

Ordnung ist in Deutschland und deshalb auch in deutschen Kindergärten suspekt, aber gleichzeitig lebt die Vorstellung fort, dass alles seine Ordnung haben müsse. Überhand nehmendes Chaos ist nicht akzeptabel. Professionelle Methoden, auf zwanglose Weise Ordnung herzustellen, sind jedoch unterentwickelt. Ordnung ist eine Extremsituation. Zum Beispiel eine Nachtwanderung. Bei einem Fünf-Kilometer-Marsch durch die Dunkelheit lernen die Kinder zweifellos, Ordnungsgeboten der Erzieherinnen zu folgen. Ebenso, wenn diese die Geduld verlieren und sie anschreien. Beides könnte man mit etwas Nachdenken für Vier- und Fünfjährige ganz ungeeignet finden; denn was ihnen auf diese Weise nicht offenbart wird, sind die Vorzüge der Ordnung. Im Gegensatz zum Kindergarten in Shimotakaido, wo Ordnung als Voraussetzung des zivilisierten Umgangs vermittelt wird, die das Leben angenehm macht, erscheint sie am Niederrhein als ein eher unwillkommener Damm, den man nolens volens gegen die drohende Flut des Chaos errichten muss. Für die Eltern haben diese ungleichen Ordnungsvorstellungen sehr unterschiedliche Auswirkungen. Zum Kindergarten in Shimotakaido brachte ich die Kinder mit dem Gefühl, dass ich ihnen Vergleichbares selber nie bieten könnte, nicht einmal, wenn ich den ganzen Tag für sie da wäre, mit einem Gefühl der Gelassenheit und außerdem mit der Gewissheit, dass die Kinder dort glücklich waren. Vom Kindergarten am Niederrhein ging ich morgens immer leicht beklommen, mit etwas schlechtem Gewissen weg, eine Notlösung. Den Kindergarten am Niederrhein werde ich als unordentlichen Kasernenhof erinnern, den in Shimotakaido als ein ordentliches kleines Paradies.

Der anfängliche Enthusiasmus der Tochter im niederrheinischen Kindergarten legte sich bald. Erste Anzeichen dafür gab es beim abendlichen Vorlesen. Auf dem Programm stand ein Gedicht aus dem «Schnurpsenbuch» von Michael Ende.

*Karl* war, ich sag es frei und frank,
erstaunlich lieb, war er mal krank.
Er schluckte jede Medizin,
sogar der Doktor lobte ihn.
Doch wusste niemand je den Grund,
warum er *bös* war, wenn *gesund*?

Warum er wohl bös war? Die Fünfjährige glaubte die Antwort zu kennen.

«Ich weiß warum: Der will nicht in die Schule oder in den Kindergarten. Ich will auch nicht in den Kindergarten.»

Das war neu. In Tokyo war sie mit zehn Monaten in den Kindergarten gekommen, denn dort stehen Kindergartenplätze nicht erst ab drei zur Verfügung. Sie blieb dort, bis sie fünfeinhalb Jahre alt war. In Europa verbrachte Sommerferien durften nie zu lang sein, weil sonst die Sehnsucht nach den Freunden im Kindergarten und nach dem Kindergarten zu groß wurde. Es gab nicht einen Tag, an dem der Besuch des Kindergartens zögerlich, geschweige denn widerwillig erfolgt wäre, womit die vorausgegangene Erfahrung mit dem älteren Bruder bestätigt wurde. Das herzzerreißende Heulen der Ein- und Zweijährigen im April, wenn das neue Schuljahr beginnt, das kommt so sicher wie der Frühling, gewiss. Ohne Protest nehmen die Kleinen die Trennung von typischerweise der Mutter, mit der sie bis dahin in enger körperlicher Verbundenheit gelebt haben, nicht hin. Aber das ist ein kurzer Übergang. Bald haben die Kleinen verstanden, dass sie auf ihre Mutter nur zeitweilig zu verzichten brauchen und dass ihnen in dieser Zeit viel geboten wird. In aller Regel sind die Kinder im Kindergarten zufrieden. Am Niederrhein war das nicht der Eindruck, weder bei dem eigenen noch bei anderen Kindern.

Woran das liegt? Ein gestörtes Verhältnis zur Ordnung ist ein wichtiger Faktor. Die halböffentliche Sphäre des Kindergartens und die private Sphäre der Familie spielen sich dabei in die Hände. Mit der Studentenrevolte der späten sechziger und frühen siebziger Jahre wurde die Antifaschismuskritik am autoritären Staat in die Familie hineingetragen. Mit der durch die zwölf Jahre nationalsozialistischer Autorität irreparabel unterminierten Autorität der Väter wurde Autorität schlechthin verworfen. Eine neue Legitimation für Autorität, insbesondere für die Autorität, Kindern angemessene Formen des gesellschaftlichen Umgangs beizubringen, ist nicht geschaffen worden. Es fehlt die Instanz, die das hätte tun können. Sie ist bis heute nicht in Sicht. Ziviler Umgang ist auf der Prioritätenliste vieler ganz nach unten gerutscht. Die einen wagen es nicht, die anderen halten es für überflüssig, bei ihren Kindern minimale Standards von Höflichkeit und Benimm durchzusetzen. Dazu kommt eine Werteverschiebung, deren Folgen in der Vorstadt am Niederrhein deutlich zutage treten. Ein hoher Lebensstandard mit schicken Autos und feinen Häusern geht mit Wohlstandsverwahrlosung einher. Tobias, der fünfjährige Freund aus der Nachbarschaft, ist ein typischer Fall.

«Was, ihr habt nur ein Auto?» So machte er mit mir Bekanntschaft. Neben seinem motorisierten Spielzeugauto und zahlreichen anderen Statussymbolen besitzt er stolz eine Armbanduhr, mit der er, wie er mir erklärte, bis hundert Meter tief tauchen kann. Ablesen kann er die Uhr nicht, denn an der Zeit, ihm das beizubringen, gebricht es seinen viel beschäftigten Eltern. Aus schlechtem Gewissen werden Kinder mit teurem Spielzeug bis zum Ersticken eingedeckt. Dasselbe schlechte Gewissen hindert die Eltern daran, ihre Kinder zu erziehen. Vom Kindergarten, den Tobias auch besucht, wird dieses Defizit nicht kompensiert. Das wäre zu viel verlangt. Nach Ordnung wird da immer nur gerufen, wenn die Unordnung unerträglich wird. Dann bringen die Erzieherinnen Regeln zur Anwendung, die nie eingeübt worden sind. Ordnung kriegt so für die Kinder den Charakter von Strafe, Willkür und Einschränkung ihrer Freiheit, statt das zu ermöglichen, was sie sollte: den reibungslosen Umgang miteinander.

Beim Abschied vor der Einschulung fragte die Leiterin das Kind, das von dem Tokyoter in den niederrheinischen Kindergarten gekommen war, ob es ihm gefallen habe. «Nein», sagte das Mädchen mit Bestimmtheit. Warum, konnte oder wollte es in dem Moment nicht sagen. Wahrscheinlich Letzteres, denn auf dem Nachhauseweg sagte es auf seine Weise sehr deutlich, was ihm missfiel: «Wir durften alles und nichts.» Sich selbst überlassen und ohne Führung, sind die Kinder darauf angewiesen, selbst die Stränge zu entdecken, an denen sie sich orientieren sollen, von deren Existenz sie aber nur erfahren, wenn sie nach Meinung der Erzieherin darüber geschlagen haben.

Kurz bevor ich Japan verließ, schrieb ich ein Büchlein mit dem Titel «Japan außer Kontrolle». In ihm stellte ich einige Entwicklungen dar, die wie Teenagerprostitution, zunehmende Jugendkriminalität, Korruption in

Wirtschaft und Politik und eine extreme Konsumorientierung auf eine Wertkrise hindeuten und die als stark reglementiert bekannte japanische Gesellschaft außer Kontrolle geraten erscheinen lassen. Während ich daran schrieb, kam es mir nie in den Sinn, dass ich mich bald in einer Umgebung wieder finden würde, auf die das Attribut «außer Kontrolle» viel mehr zutrifft, so sehr, dass sich daneben beinah jeder Bereich der japanischen Gesellschaft als wohl geordnet und ausbalanciert ausnimmt. Die dortigen nicht zu übersehenden und nicht zu beschönigenden Fehlentwicklungen haben nicht annähernd die gleiche Dimension. Den Kindergarten jedenfalls haben sie noch nicht erreicht.

## JETZT REICHT'S ABER

Neue Erfahrungen werden von Kindern, die Erwachsenen da viel voraushaben, oft spielend verarbeitet, im buchstäblichen Sinne. «Jetzt reicht's aber.» Im Kinderzimmer wird Kindergarten gespielt. Das Kind ist die Kindergärtnerin, die Puppen, Doraemon, die dem Animationsfilm von Fujiko F. Fujio entsprungene ohrenlose Roboterkatze, und Mi, die dreimal so große Maus aus der Normandie, sind die Kinder. Ihnen wird mitgeteilt, dass es jetzt reicht, was immer das heißen mag. Ohne Widerrede nehmen sie es hin, dass an ihnen der neue Wortschatz erprobt, ein Register eingeübt wird, das im Sprachgebrauch ihrer japanischen Kinderwelt nie vorkam. «Schluss jetzt.» Überraschend sind vor allem Tonfall und Diktion. In kürzester Frist war eine unverkennbar niederrheinische Färbung assimiliert, ebenso wie der in dieser Gegend häufig zu hörende pampige Ton.

Kinder sind besonders empfänglich für Impulse aus der Umgebung; dem sozialen Druck der unsichtbaren Hand zu widerstehen, haben sie eine geringere Neigung als Erwachsene. Sie sind deshalb auch die besten Informanten, wenn man sich ein Bild davon machen will, was in einer bestimmten Umgebung normal, akzeptabel und geläufig ist. Der Blödheit der Kultur sind sie viel schutzloser ausgeliefert als Erwachsene. Denn die Kraft, sich selektiv zu manchen Aspekten der Kultur ihrer Umgebung zu bekennen und andere abzulehnen, müssen sie erst noch erwerben. Diejenigen, die von außen kommen oder aus anderen Gründen das Gefühl haben aufzufallen, sind oft besonders anpassungsbereit, ja anpassungsbedürftig. Von Immigranten ist das weidlich bekannt. Kinder, die in einer schwachen Position sind, sich unsicher fühlen, fallen nicht gern auf. Und es gibt bei ihnen nicht nur die Bereitschaft sich anzupassen, sondern auch die Fähigkeit, das zu tun. Ihre Antennen sind feiner, ihre Flexibilität ist größer, Neues wird von ihnen noch mühelos aufgenommen. Unkritisch auch; bleibt ihnen doch nicht viel anderes übrig, als den Modus Operandi der Umgebung als Vorbild zu betrachten. Kinder, die das nicht tun, sind schwer erziehbare Außenseiter, die ihren Eltern den Nachtschlaf rauben. Es ist in diesem Sinne in der Tat normal, ja wünschenswert, dass Kinder sich dem Ton ihrer Umgebung anpassen. Und Eltern können sich einer Sorge enthoben fühlen, wenn sie beobachten, dass das geschieht. Nicht immer jedoch nimmt sich das Anpassungsmodell sehr anziehend aus.

Binnen weniger Tage nach der ersten Bekanntschaft mit Schule und Kindergarten am Niederrhein hatten die Tokyoter Kinder nicht nur große Fortschritte gemacht, die Defizite ihres Vokabulars auszugleichen, sie hatten auch ihr Stimmvolumen angepasst, um einige Dezibel nach oben. Die Deutschen schreien. Natürlich stimmt das in dieser Allgemeinheit nicht. Niemand braucht sich beleidigt zu fühlen. Es ist nur eine Tendenz, die dem

Zugereisten oder Entwöhnten vor seinem anderen Wahrnehmungshintergrund auffällt. Für die, die immer in Socken gehen, wirkt der beschuhte Gang wie polterndes Getrampel. Daran ist der Sockengeher selber schuld, wenn überhaupt jemand. Kritik, gar Werturteile auszusprechen, verbietet sich in solchen Fällen, belehren uns die Kulturanthropologen. Für Fragen des Geschmacks fühlen sie sich durchaus nicht zuständig, und Gewohnheiten, aus denen die Alltagskultur ja besteht, hat niemand gemacht, dem man das vorwerfen könnte.

Die kurzen Momente, in denen der eigene Wahrnehmungshintergrund nicht mit dem der Umgebung übereinstimmt, in denen einem das Normale auffällt, weil man sich gelegentlich daran stößt, laden trotzdem dazu ein. Sie gehen schnell vorüber, denn mit Ausnahme wieder der Kulturanthropologen hat ja kaum jemand Muße, über all diese Auffälligkeiten nachzudenken, warum zum Beispiel Menschen schreien, die gar nicht glauben, dass sie schreien. Liegt das Geschrei nur im Ohr des Zuhörers, oder kommt es aus der Kehle des Schreiers? Denkt man darüber nach, dann stellt sich die eigentlich interessante Frage ein, ob es nicht doch Maßstäbe der Beurteilung gibt. Fast jeder geht lieber mit Menschen um, die nicht schreien, als mit solchen, die schreien. Dennoch tun wir uns schwer damit, auf diese Weise von Kollektiven statt von Individuen zu sprechen. Abstumpfung und Anpassung sind das, worüber wir reden. Wasser schmeckt nach nichts. Dass das nicht stimmt, lässt uns der Geschmack des Trinkwassers in einer fremden Stadt viel deutlicher merken als der des Ortes, an dem wir immer leben. Dass der Zugereiste den Geschmack des Trinkwassers wahrnimmt, verleiht ihm keine moralische Autorität zur Kritik. Aber seine Geschmackspapillen sind für Nuancen empfindlich, die unbeachtet zu lassen Gewohnheit uns lehrt.

Wer würde bestreiten, dass es unschöne Gewohnheiten gibt? Variabler noch als die natürlichen Aspekte der Umwelten, in denen Menschen leben, sind die kulturellen, da sie sich die selber schaffen, ihr linguistisches Milieu etwa. Außer bei Adam und Eva ist das ja nicht gottgegeben. Zwar haben nicht Einzelne es konstruiert, aber jeder Ausdruck wurde von irgendjemandem irgendwann zum ersten Mal benutzt, und alle zusammen haben aus all den Ausdrücken gemeinsam ihre Sprache gemacht.

Jede Gesellschaft schafft sich die Ausdrucksmöglichkeiten, die sie braucht. Wer am Meer lebt, will über Schiffe reden; wer unter Hunden lebt, will über – aber lassen wir das.

«Du blöder Hund!» Wenn Sie das nicht verletzend finden, nicht überzeugt sind, dass, wer so etwas zu jemandem sagt, der nicht wirklich ein Hund und dazu blöd ist, sich als Teil des Abschaums der Menschheit ausweist, dann lesen Sie nicht weiter. Gewiss, Sie sind nicht gemeint, sollen sich keineswegs angesprochen fühlen, beileibe nicht. Aber wenn sich Ihnen bei einem solchen Ausdruck nicht die Haare sträuben, werden Sie den folgenden Zeilen wenig abgewinnen können. «Du blöder Hund, da siehst du, was passiert!», sagte, was offenkundig der Vater war, zu seinem schätzungsweise fünfjährigen Sohn, der eine Melone in den Einkaufswagen fallen ließ, wodurch der Milchkarton eingedellt, aber nicht einmal zum Auslaufen veranlasst wurde. Was würde er wohl zu hören kriegen, wenn so ein Malheur geschähe? Und was wird der Vater einmal von seinem Sohn zu hören kriegen?

Oder zeugt meine Konsterniertheit wieder nur von Unverstand? Erfreuen sich Hunde in Deutschland nicht der größten Achtung? Von Pitbulls, den Nazis unter den Canidae, die in Deutschland so besonders populär sind, will ich ja gar nicht reden. Nein, ganz normale Hunde. Wie der Spaniel, den sich die amerikanische Dame aus der Nachbarschaft kürzlich zugelegt hat.

«Als ich nur mit meinen Kindern hier lebte, hatte ich überhaupt keinen Kontakt mit den Leuten. Seit ich den Hund habe, werde ich ständig angesprochen, mein Hund jedenfalls.» Das erzählte mir die Amerikanerin. Der Hund, dein bester Freund! «Blöd» ist nun auch kein gar so schlimmes Schimpfwort. Hat der Vater des Melonenwerfers seinen Sohn also zärtlich getadelt, indem er dessen Kosenamen mit einem ermahnenden Epitheton versah – «ach, du mein kleiner, blöder Hund»? Diese Interpretation war trotz der zweifellos auffälligen Tierliebe in diesen Landstrichen nicht haltbar.

Das war kein Prolet, der Vater, jedenfalls nicht im herkömmlichen Sinne, in dem man dieses Wort politisch korrekt ja schon gar nicht mehr benutzen kann. Ein Mann vielmehr im schicken Anzug in einem teuren Supermarkt, wo Proleten gar nicht einkaufen dürfen. «Halt's Maul, du Aa…», und da stockt mir der Finger in den Tasten, obwohl ich hoffe, dass der Lektor hier den Rotstift ansetzen würde, wenn ich wortgetreu protokollierte, wie ein anderer Vater im besagten niederrheinischen Vorort sein Kind ansprach. Ohne dramatischen Anlass. Er schien gar nicht besonders echauffiert zu sein, sagte das nur so nebenhin. Es herrscht ein rabiater Ton in Deutschland.

Ist Goethe schuld? Es geht um deutsche Kultur, und wenn die zur Debatte steht, ist man fast immer gut beraten, den Blick auf den Sprachgewaltigen zu richten. Und Goethe hat ja bekanntlich im *Götz von Berlichingen* einen gewissen Ausdruck wenn nicht salon-, so doch bühnenfähig gemacht, der vor über zweihundert Jahren allerdings noch dazu taugte, die Menschen von den Theatersitzen zu reißen und ihnen die Schamesröte ins Gesicht zu treiben. Dass heute auch nur das kleinste Wimpernzucken zu viel erwartet wäre, würde ich dennoch nicht dem Olympier ankreiden. Den Einfluss der hohen auf die alltägliche Kultur hieße das wohl überschätzen.

Ich ging im Vorort so für mich hin, und nichts zu suchen, das war mein Sinn. Da traf es mich aus heiterem Himmel. Ein vorbeikommender Radfahrer rief mir wütend zu: «Guck mich nicht an, du F(undruckbar)!» In der Tat hatte ich ihm hinterhergeguckt, da es in meiner neuen Umgebung noch vieles zu entdecken gab, all die schmucken Villen mit den stattlichen Autos davor, Vorgärten mit Fahnenstange, hier und da eine Sprühdosenspur an der Mauer. An einer Mauer war ein Schild angeschlagen: «Parken nur für Rolls-Royce». Ein Witz für Insider, scheint's. Da kann man sich schon die Augen aus dem Kopf schauen. Sollte mein neugieriger Blick aber für den Verbalauswurf des Radfahrers Grund genug gewesen sein? Irgendwo muss der das gelernt haben, kaum bei Goethen. Ich würde eher Filme und Fernsehserien untersuchen, wenn ich die Quelle wirklich wissen wollte. Die Kinder sind aber wiederum die viel besseren Gewährsleute. Sie hören, was in ihrer Umgebung gesagt wird. Sie lernen schnell. Dass Kinder «Ausdrücke» benutzen, ja, das sei eben so, der Rede nicht wert, sagte mir ein Kollege, der auch Kinder hat. Natürlich. Gottgegeben – wie gesagt, außer bei Adam und Eva – ist diese Natürlichkeit freilich nicht, man muss sie sich aneignen. Die Lehrmeisterin ist die Gesellschaft.

Der schlimmste Ausdruck, den die Kinder in Tokyo je nach Hause brachten, war das Äquivalent von «Depp», *baka*. Mit lauter Stimme vielleicht gleich mehrmals vorgetragen, *baka, baka, baka*, durchaus wirkungsvoll. Ein mit vorgeschobener Kinnlade artikuliertes «Du» konnte der beleidigenden Absicht zusätzlich Nachdruck verleihen. Viel größer war ihr Repertoire nicht. Jetzt aber in der neuen Umgebung übt die Sechsjährige, um mit den Altersgenossen gleichziehen zu können, zu Hause in aller Unschuld und ohne Verstand Schimpfwörter, Flüche, Skatologien, Pornoglossen und sozial diskriminierende Beleidigungen, die unbedarfte Linguisten zwar dazu veranlassen könnten, die unerschöpfliche Produktivität der Sprache zu bewundern, im täglichen Umgang mit Schmähungen ungeübte Väter aber doch eher mit Verwunderung und oft genug mit Abscheu erfüllen.

«Sch****, Sch****, Sch****», schimpfte der Kleine beim Mensch-ärgere-dich-nicht-Spielen in der Betreuungsgruppe nach dem Unterricht der Grundschule. Die Betreuerin überhörte oder ignorierte das, ließ es jedenfalls unkommentiert. «Kreisgleichungen und so'n K***», hörte ich einen Oberschüler in der Bahn die Frage seines Freundes beantworten, was gestern in Mathematik gemacht worden sei. Der Bühnenbildner wolle uns wohl ver*****en, sagte ein Herr, der hinter mir in der Oper saß, zu seiner schönen Begleiterin. Das sei Be******, konstatierte eine ältere Dame, die sich sicher nicht zu den Menschen zählte, die Schimpfwörter verwenden, als sie las, dass die Tageszeitung eine Preiserhöhung ankündigte. Be******en war der Film *Star Wars II* nach dem Urteil eines redseligen Freundes, ebenso wie das Wetter, der Service der Deutschen Telekom, die amerikanische UN-Politik, die Haltung der Gewerkschaften zur Rente mit sechzig und noch so mancherlei, auf das wir bei einer Tasse Kaffee zu sprechen kamen. In vielem sprach er mir aus der Seele, aber ich konnte trotzdem nicht so recht einstimmen. Der Unterschied in der Tonart hinderte mich daran, Dur und Moll. Die Dur-Töne gehören wenn nicht zum guten, so doch zum völlig normalen Ton des täglichen Umgangs, und keineswegs nur unter Kindern und Jugendlichen, die «Ausdrücke» benutzen. Die lernen sie sicher ebenso oft von den Erwachsenen wie umgekehrt.

«Glaubste, ich mach wegn der Sch***tomaten soon Umweg?», rief der Herr seiner Frau über den Kühler zu, bevor er in seinen Mercedes stieg.

«Sch***», sagte der Taxifahrer, der mich in Stuttgart zum Flughafen fuhr, und hupte. Der vor ihm fuhr nicht schnell genug. «Sch***», sagte er mit resignierter Stimme nochmal, nicht sehr laut, aber laut genug, dass der Fahrgast es hören konnte, hören musste. Würde er es verstehen, wenn er deshalb kein Trinkgeld bekäme?

Oder Herr Louis, der kam, um den Rollladen zu reparieren, ein freundlicher, eloquenter Mann. Nur ein hauchdünner Akzent verrät, dass Deutsch nicht seine erste Sprache ist. Die deutsche Leitkultur hat er sich gänzlich zu eigen gemacht. Seine Beschäftigung mit dem Motor, der nicht tut, was er soll, begleitet er mit einem stetigen leisen Redestrom, dessen jedes zweite Wort Sch***e ist.

Da bleibt nicht viel Raum für Humor, wenn so unbeschwert mit Kot umgegangen wird, obwohl mancher professionelle Witzverkäufer das anders sieht. «Gutschein für einmal in die Sch**** treten.» Eine Postkarte mit dieser Aufschrift wurde in einem durchaus seriösen Museum zum Verkauf angeboten, vermutlich um mit der Zeit zu gehen und Schwellenängste vor dem Schönen, Wahren und Guten, das in der deutschen Kultur einmal etwas galt, zu mindern. Das deutet darauf hin, dass es einen Kundenkreis gibt, den solche zwerchfellschädigenden Witze belustigen. Der Witz ist allerdings, dass dieser Witz keineswegs überall witzig gefunden wird. In Japan ließe sich damit schwerlich ein Geschäft machen. Die rasende Komik eines Gutscheins für etwas wenig Wünschenswertes würde den humorlosen Japanern zweifellos verborgen bleiben. Witz ist bodenständig, Teil der Kultur, und zwar ein recht verräterischer. Sage mir, worüber du lachen kannst, und ich sage dir, wer du bist. Die Verbalisierung animalischer beziehungsweise menschlicher Metabolismusprodukte, -organe und -vorgänge ist in der deutschen Alltagskultur allgegenwärtig. Fäkalvokabeln gibt es in jeder grammatischen Form, als Nomina, Verben, Adjektive. Die Deklination der Obszönität wird gar nicht als solche zur Notiz genommen, ihre Äußerung nicht als Zumutung für andere empfunden. In welchem Maße selbst Menschen, die guten Geschmack für sich in Anspruch nehmen und der Meinung sind, Vulgaritäten seien etwas für vulgäre Leute, Formulierungen einen Platz in ihrem persönlichen Vokabular einräumen, die sich auf menschliche Abfallprodukte beziehen und sich damit als Teilhaber an der Sch***kultur zu erkennen geben, ist verblüffend.

«Hört endlich auf mit dem verdammten Sch***ball. Mittagsruhe!», schrie ein aufgebrachter Herr aus der Nachbarschaft die Kinder an. Sie hatten sich unterstanden, mit einem Ball auf der Straße zu spielen, zwischen eins und drei, Gott sei davor. Wieder dasselbe Verhaltensmuster, dem ein so seltsam widersprüchlicher Ordnungsbegriff zugrunde liegt. Ein rein formales Recht auf Ordnung, die Mittagsruhe, wird auf eine Weise eingeklagt, die nur grob ist und jede Form ordentlichen menschlichen Umgangs negiert. Rücksichtslosigkeit und Rechthaberei verbinden sich zu einer Attitüde, die einen gütlichen Ausgleich von Interessengegensätzen – das Ballspielen hier, der Mittagsschlaf dort – unmöglich macht. Die von dem seine Mittagsruhe verteidigenden Rufer beschimpften Kinder erschraken und kamen, wie sicher von ihm beabsichtigt, nach Hause gelaufen. Auf der Straße wollten sie nicht mehr spielen, denn so etwas kannten sie nicht. Willkommen in Deutschland.

Michael Kohlhaas, Schutzheiliger aller Legalisten! Um einen Rechtsanspruch durchzusetzen, die Gesellschaft zu zerstören, das ist die Devise. Die japanische Gesellschaft ist sehr ordentlich, und das Recht gilt etwas. Die Kriminalität ist gemessen an westlichen Maßstäben gering. Aber das Verständnis von Recht und Ordnung, das das gewährleistet, ist ein völlig anderes. Auf seinem Recht zu bestehen ist antisozial. Immer kann es Gründe geben, weshalb Regeln übertreten werden. Bevor man sich auf sein Recht beruft, spricht man miteinander, im Kleinen wie im Großen. Recht ist mehr kontextuell, weniger prinzipiell. Man lebt nicht im luftleeren Raum der hehren Rechtsgrundsätze, sondern in einer unvollkommenen Welt, in der Regeln nur die Richtung weisen. Miteinander auszukommen ist viel wichtiger, als Rechtsnormen einzuhalten. Darüber dachten die Kinder gewiss nicht nach, aber sie wussten und empfanden, dass man in Japan mit Kindern nicht so umgeht, wie es ihnen gerade auf der Straße widerfahren war. Ihnen zu erklären, dass der entrüstete Schrei nach Mittagsruhe eine Ausnahme, der Schreier vermutlich ein etwas verrückter Sonderling war, kostete viel Überzeugungsarbeit. Zurück blieb trotzdem ein übler Nachgeschmack. Einer solchen Figur zu begegnen ist am Niederrhein weit wahrscheinlicher als am Kanda, wo die Kinder bisher Ball spielten. Am Kanda, wo er durch den Tokyoter Stadtteil Suginami fließt, stehen die Häuser eng. Wenn man da wohnt, hört man jedes Gespräch der Leute, die auf dem Fußweg am Fluss entlang draußen vorübergehen. Den Kindern das Spielen zu verbieten, käme trotzdem niemand auf die Idee.

Erwachsenen gegenüber würde man in Japan, wo mehr als starre Regeln ein allgemeines Harmoniegebot das Verhalten leitet, auch nicht so auf sein Recht pochen. Der normative Anspruch des Rechts kann weit zurückgedrängt werden. Douglas Kenrick, ein Neuseeländer, der den größten Teil seines Lebens in Tokyo verbrachte, erzählte einmal von einem Verkehrsunfall. Er war mit einem Taxi zusammengestoßen, das verkehrtherum in eine wenig befahrene Einbahnstraße hineingefahren war. Ein klarerer Fall lässt sich kaum denken. Dennoch drängte der herbeigerufene Polizist auf einen Ausgleich, da doch der Taxichauffeur mit dem Fahren seinen Lebensunterhalt verdiene und daher durch die Zuweisung der alleinigen Schuld über Gebühr hart getroffen würde. Ein extremer Fall, der aber gerade deshalb instruktiv ist, da er illustriert, was möglich ist, andernorts aber unmöglich wäre.

Kindern gegenüber würde man in Japan noch viel weniger blindwütig auf sein Recht pochen. Niemand nimmt sich das Recht, Kinder anzuschreien, denn Kinder sind Kinder. Dass sie Regeln übertreten, ist zu erwarten. Sie deswegen anzuschreien, insbesondere wenn es nicht die eigenen Kinder sind, ist ebenso anmaßend wie absurd und beschämend. Absurd, weil alle Erwachsenen mitverantwortlich dafür sind, dass Kindern zivilisiertes Verhalten beigebracht wird; absurd, weil Kinder nicht alle geltenden Regeln kennen können; und beschämend, weil man mit Geschrei nur zeigt, dass man sich selber nicht unter Kontrolle hat. Wie kann man unter solchen Umständen von Kindern irgendetwas verlangen oder glauben, sie belehren zu können? Hinzu kommt, dass man Kindern, die man anschreit, ja unabhängig von dem, was der Inhalt des Geschreis ist, auf jeden Fall auch beibringt, dass Schreien eine akzeptable Form des Umgangs Erwachsener mit Kindern ist. Dass Letztere dieses Verhalten reproduzieren werden, ist zu erwarten.

Zu den Dingen, die mir in den ersten Wochen in Deutschland am meisten auffielen, gehört der barsche

Ton, in dem Kinder angesprochen werden. Von Kindern begleitete Mütter und Väter in Geschäften und Wartezimmern, in Straßenbahnen und Bussen, auf Bahnhöfen und Flughäfen und in anderen öffentlichen Räumen wirken oft entnervt und ungeduldig. Das ist ein großer Kontrast zu der Gelassenheit und Langmut, mit denen insbesondere japanische Mütter auf die von ihren eigenen Interessen und Vorstellungen von richtigem Benehmen abweichenden kindlichen Verhaltensweisen gewöhnlich reagieren. Viel seltener sieht man, dass Eltern gereizt sind, weil Kinder langsamer machen, als es ihnen recht ist, obwohl Tokyo nicht gerade ein verschlafenes Städtchen ist, wo die Leute vor sich hin trödeln. Trotzdem haben Mütter Zeit für ihre Kinder und sind bereit, sich dem Tempo der Kinder anzupassen. Ob es keine ungeduldigen japanischen Mütter gibt? Doch, sicher, aber sie bestimmen nicht das allgemeine Bild. Es geht ja bei dem Vergleich der Alltagserfahrungen in zwei verschiedenen Milieus nicht um Schwarzweißkontraste, sondern um Schattierungen. Dass sie sich beeilen sollen, sagen Tokyoter Mütter ihren Kindern auch, sogar oft, aber das vorwurfsvolle Timbre in der Stimme von «nun mach schon», «komm endlich» hört man nie. Der Tonfall ist eher besorgt. Nicht sie, die Mütter, werden etwas verpassen, sondern die Kinder selber. Das ist die Sorge, die aus der Mahnung zur Eile spricht.

Der Umgangston gegenüber Kindern am Niederrhein steht im Einklang mit dem, der einem auch als Erwachsenem oft entgegenschlägt. Er ist ein Teil der zunehmenden Normalität von Aggression, Schimpfwörtern und -gesten, nahezu alters- und schichtunabhängig. Der normale Ton ist gleichzeitig aggressiv und defensiv. Bei den unschuldigsten Fragen – «Kann ich diese Karten vielleicht zurückgeben?» – kommt es vor, dass sie wie ein Angriff aufgenommen und quittiert werden – «Was glauben Sie? Meine Kasse muss doch stimmen!» So die Dame an der Theaterkasse. Ein Kinderarzt, mit dem ich über meine Eindrücke sprach, erzählte von seinen Beobachtungen über viele Jahre. Aggressivität in der Sprache und im Umgang miteinander hätten unglaublich zugenommen, meinte er. Bei Kindern, die zu oft «jetzt reicht's aber» hören, wird latente Aggressivität geradezu gezüchtet.

# KATHOLIK ODER PROTESTANT?

Sechs Uhr fünfunddreißig, Morgenandacht. Es spricht Pfarrer/Pfarrerin ... Jeden Morgen im Deutschlandfunk. Und dann noch Kirchenfunk, und dann noch «Aus Kirche und Gesellschaft». Und das allein im Radio. So viel Sendezeit hat in Japans Staatsfunk NHK allenfalls der Wetterbericht. Parallelen kann da sehen, wer will. In beiden Fällen geht es immerhin um höhere Gewalt, aber die Unterschiede springen doch mehr ins Auge. In der BRD beansprucht die Kirche viel mehr Platz im öffentlichen Diskurs, in Staat und Gesellschaft, als in Japan. Die Menschen hier müssen sehr fromm sein, oder ihre Frömmigkeit muss einen anderen Charakter haben als die Frömmigkeit der Menschen in Japan. Oder die Frömmigkeitsverwalter müssen ganz anders organisiert sein. Wahrscheinlich alles zusammen.

Christliche Frömmigkeit ist das vor allem. Das ist eine Frömmigkeit, die immer Flagge zeigen muss. Militant, könnte man auch sagen, denn das Flaggezeigen ist ja eine militärische Übung. Die Folgen des Dreißigjährigen Krieges fühlt man noch heute; nicht ganz so schlimm wie in Nordirland, aber tendenziell ist da immer noch eine subkutane Konfrontation. Es fehlt an

Weitherzigkeit. Wenn man missioniert, kann das kaum anders sein. Aus Japan war mir das schon bekannt. Am Neujahrstag zum Beispiel, dem höchsten Feiertag im Land, an dem es vor den buddhistischen Tempeln und schintoistischen Schreinen so voll ist wie zur Stoßzeit in Shinjuku und an anderen großen Umsteigebahnhöfen Tokyos, an diesem Tag bauen sich die christlichen Seelenretter am Weg zu den heidnischen Gotteshäusern auf, um die Verblendeten, die da ausgelassen und in Festtagsstimmung zu ihren Kultstätten pilgern, wissen zu lassen, dass es auch für sie noch Rettung gibt. Meist sind das schmalbrüstige blasse Jüngelchen so zwischen zwanzig und dreißig, denen anzusehen ist, dass sie allenfalls der liebe Herrgott persönlich davon überzeugen könnte, dass ihre Anwesenheit aufdringlich und taktlos ist. Sie kommen in aller Regel aus Amerika und werben für die eine oder andere protestantische Kirche. Aus den USA kommt heutzutage die Speerspitze der christlichen Mission. Es ist zwar modern, die Ökumene zu beschwören, aber dabei hat man gewöhnlich nur die christlichen Kirchen im Auge und kann sich schon offenherzig nennen, wenn man die Orthodoxen mit einbezieht. Der Missionsgedanke lässt sich nur schwer von der christlichen Lehre trennen. Andere Arten der Frömmigkeit sind da diskreter und weniger penetrant.

In Japan waren die Christen – damals waren es Jesuiten und Franziskaner – durch ihre Missionstätigkeit schon zu Beginn der Tokugawa-Zeit, im siebzehnten Jahrhundert der christlichen Zeitrechnung, unangenehm aufgefallen und wurden deshalb des Landes verwiesen. Als sie in den siebziger Jahren des neunzehnten Jahrhunderts wiederkommen durften, hatten sie sich das Missionieren immer noch nicht abgewöhnt. Damals mussten sie selbst die Japaner bekehren, die ihren Glauben im Untergrund über zweihundert Jahre des Verbots seiner Ausübung gerettet hatten und sich selber als Christen verstanden. Glaubensfreiheit hatten die christlichen Kirchen im Windschatten der imperialen Mächte, die die Öffnung Japans erzwangen, anscheinend nur gefordert, um diesen Leuten ihre durch so lange Isolation etwas abgewandelte Variante der christlichen Heilslehre madig zu machen. Im Grunde ist jede Mission intolerant, auch wenn es viele Missionare gibt, die Heilige sind und sich darauf beschränken, durch ihr Vorbild zu überzeugen. Irgendwohin zu gehen und anderen zu sagen, dass man besser weiß, was sie glauben sollen, ist einfach verdammt anmaßend.

In Shimotakaido hat nie jemand versucht, mich zu bekehren, fast nie. Nur die Zeugen Jehovas kamen regelmäßig an meine Haustür und fragten, ob ich denn kein Interesse am Herrn Jesus hätte. Nachdem ich das einige Male höflich verneint hatte, ging ich dazu über, ihnen zu sagen, ich sei Jude, dann Mohammedaner, Freimaurer, Antialkoholiker oder Anhänger von Shinrikyo, der Sekte, die 1995 mit Sarin Fahrgäste der Tokyoter U-Bahn umbrachte. Es half alles nichts, sie kamen immer wieder. Später sagte mir ein Kenner, dass die Zeugen für jede Zurückweisung einen Bonuspunkt auf dem Weg zur Erlösung bekämen. Wahrscheinlich betrachteten sie mich als einen sicheren Punkt. Dann war da noch der Vertreter der *Mainichi Shinbun*, der mich auf ähnlich persistente Weise dazu bekehren wollte, seine Zeitung zu abonnieren statt der *Asahi Shinbun*, der ich seit

Jahren treu war. Dafür – für meine Treue – hatte ich ungefähr genauso gute Gründe, wie sie die meisten Menschen für ihre Konfessionszugehörigkeit haben. Ich war einfach irgendwann einmal *Asahi*-Abonnent geworden, mehr oder minder zufällig. Aber die Unverfrorenheit des *Mainichi*-Mannes ließ in mir unversehens ein Gefühl der Loyalität zur *Asahi Shinbun* aufkeimen. Fast hätte er mich dazu gebracht zu sagen, ich läse *Asahi* aus Überzeugung, was überhaupt nicht der Fall war. *Asahi* und *Mainichi* unterscheiden sich inhaltlich nur geringfügig, aber sie konkurrieren um Marktanteile, als ginge es um einen Platz im Paradies. Deshalb sind ihre Vertreter so rabiat. Ansonsten wurde ich in Ruhe gelassen. Die Schintoisten und Buddhisten kamen nie, um mich zu werben. Das ist nicht ihr Stil. Religion ist Privatvergnügen.

Nicht, dass die Japaner keine Erfahrungen mit der Instrumentalisierung des Glaubens für politische Zwecke hätten. Immerhin haben sie ja noch unter einem Gott-Kaiser den Zweiten Weltkrieg verloren. Dass das ein Fehler war, leuchtete den meisten von ihnen deshalb sehr schnell ein. Zu diesem Fehler waren sie freilich nicht von ungefähr gekommen. Als Japan sich unter dem Druck der westlichen Mächte in der zweiten Hälfte des neunzehnten Jahrhunderts anschickte, ein moderner Nationalstaat zu werden, reisten mehrere Delegationen von Führungspersönlichkeiten nach Europa und Amerika, um zu studieren, wie man das macht. Sie sahen dort vieles, was sie beeindruckte. Dazu gehörten der allgegenwärtige Nationalismus und der große Einfluss der Kirchen. Davon inspiriert, beschlossen sie, beides miteinander zu kombinieren und ihren Kaiser zum Hohepriester des japanischen Nationalismus zu machen, der von Stund an in den Schinto-Schreinen zelebriert wurde. Aus einem unschuldigen Natur- und Ahnenkult wurde der Staatsschinto. Prinzipienlos kann man das nennen, oder anpassungsfähig. Auch buddhistische Sekten entwickelten in der schlimmen Zeit, die zum Krieg führte, nationalistische Affinitäten, aber mit der Niederlage war der Spuk dann ziemlich gründlich vorbei. Das Einzige, worüber sich Puristen nun immer noch aufregen, und nicht ganz grundlos, ist, dass der Tenno besondere Beziehungen zum Schinto unterhält und Schintozeremonien bei seiner Inthronisierung und seinem Begräbnis vom Staat bezahlt werden. Im Übrigen ist die Beziehung zwischen Staat und Religion auf ein Minimum reduziert, anders als in Deutschland.

In Deutschland ist die Kirche omnipräsent. Das Glockengeläut fällt dem, der sein Leben lang neben der Kirche gewohnt hat, gar nicht mehr auf. Wer aber von außen kommt, ist beeindruckt vom pausenlosen Flaggezeigen der Christen. Die größte Tageszeitung der Region nennt sich im Untertitel *Zeitung für Politik und christliche Kultur*. Sie wird nicht von einer Kirche herausgegeben. Zeichen dieser Art stehen überall an der Wand. Über Schlagzeilen wie «Kirchen im Abseits» kann sich der unbefangene Beobachter nur wundern, denn der prägenden Kraft der Kirchen auf die Gestaltung von Staat und Gesellschaft begegnet er auf Schritt und Tritt. Dass zwei der maßgeblichen politischen Parteien das C im Namen führen; dass politische Führungspersönlichkeiten in kirchlichen Organisationen Schlüsselpositionen übernehmen; dass Bischöfe zu Parteiversammlungen gehen und ihre Meinung zu politischen Fragen nicht nur von der Kanzel aus zum Besten geben, sondern über staatliche Kanäle; dass Kirchenmänner politische Karrieren machen und Staatsämter übernehmen; dass sie Wähler mobilisieren und dadurch Politiker unter Druck setzen; all dies sind Aspekte der politischen Kultur der Bundesrepublik, die den Säkularstaat, der sie sein soll, in einem besonderen Licht erscheinen lassen.

Kirchturmpolitik ist in Deutschland eine Realität. Der Tag des Herrn ist ein eindrückliches Beispiel. Die Kirche macht mobil und zieht gegen die zu Felde, die auch sonntags einkaufen können wollen. Sonntag, so will es die streng regulierte Frömmigkeit der Christen, ist der Tag, an dem sie beten müssen. Durch ausgestorbene Städte führt der Weg schnurstracks in die Kirche. Jedes Konkurrenzangebot muss die Chancen, dass die Menschen dorthin finden, schmälern. Also müssen Argumente her, oder was manche dafür halten: «Ohne Sonntage gibt es nur noch Werktage.» So will man die Menschen für dumm verkaufen. Pater Thierse vom Bundestag sagt, der Mensch «dürfe nicht nur auf seine marktgemäße Rolle als Produzent und Konsument reduziert werden». Der Bundeskanzler Schröder, der auch weiß, wo die Wähler sind, stößt ins gleiche Horn: Soll schon 'n Tach geben, der nich vom Kommerz bestimmt ist.» Nur hört sich das aus seinem Mund noch etwas unglaubwürdiger an. Wer könnte denn allen Ernstes behaupten, dass «der Mensch» in Deutschland, wo man sonntags nicht einkaufen darf, weniger auf seine Rolle als Produzent und Konsument reduziert ist als in den meisten anderen Ländern der Welt, wo man es darf. Hier stehen einfach zwei Angebote gegeneinander. Die Kirche verteidigt ihren Vorteil wie jeder Monopolist. Das macht sich in vielen gesellschaftlichen Bereichen bemerkbar, was insbesondere Eltern gar nicht übersehen können.

Einschulung. Die letzte hatte ich in Tokyo miterlebt, diese nun im niederrheinischen Vorort. In beiden Fällen öffentliche Schulen, die so ausgewählt waren, dass die Kinder sie zu Fuß erreichen konnten. Vielleicht kein sehr kluges Kriterium, aber praktisch; unauffällig sozusagen. Die Kinder *gehen* eben in die Schule. Wenn man etwas hineinlesen will, dann die Überzeugung, dass in einem modernen Staat jede Grundschule ihre Aufgaben erfüllen sollte. Aber darauf kommen wir noch zurück. Jetzt geht es erst mal um die unerwarteten, nicht um die erwarteten Aufgaben der Schule.

Am Anfang des Schuljahrs versammeln sich Kinder und Eltern in der Kirche. Den neuen Erstklässlern muss gezeigt werden, wo es langgeht. Darauf war ich nicht vorbereitet. Die Grundschule ist die einzige am Ort, die einzige, die zu Fuß erreichbar ist. Es ist eine katholische Schule, die evangelische Kinder duldet. Mit anderen wird nicht gerechnet. Das Programm für den Einschulungstag wurde den Eltern bekannt gemacht, ihr Einverständnis wurde nicht erfragt, noch ob sie vielleicht einer anderen Glaubensrichtung angehörten. Wer sich an dem Einschulungsgottesdienst stört, kann ihm ja fernbleiben oder sein Kind auf eine andere Schule schicken, zehn Kilometer entfernt.

Ob denn die Kirche ein Teil der Schule sei, will die

eingeschulte Tochter wissen, die zum ersten Mal ein solches Gebäude nicht wegen der Fresken oder sonstiger Kunstschätze betritt, für die sich ihre Eltern interessieren. Nein, die Kirche gehört nicht zur Schule, und die Schule gehört nicht zur Kirche. Warum wir dann da seien, will sie weiter wissen, und bringt mich damit in Erklärungsnotstand. Eine vernünftige Antwort muss ich ihr schuldig bleiben. Sie kriegt sie dennoch, aus berufenerem Munde. Unverzüglich, noch am selben Tag, begann sie an meiner Resozialisierung, an meiner Bekehrung zu arbeiten. Der liebe Heiland spielte dabei eine recht wichtige Rolle. Das Kreuz auch. Die wichtigste Botschaft, die die Eingeschulte dem kirchlichen Festakt entnahm, war, dass das Kreuz hier für gut stand, genau umgekehrt also. In Japan hieß gut oder richtig ein Kreis, schlecht oder falsch ein Kreuz. So willkürlich sind die Symbole. Die Tochter beschloss dann, dass sie katholisch war, da der Herr, der vorne sprach, über allen Erstklässlern mit der Hand ein Kreuz gemacht hatte, auch über ihr. Irgendetwas, das hatte sie mit kindlichem Instinkt der Atmosphäre ihrer Umgebung entnommen, musste sie sein. Und ihre Sitznachbarin war auch katholisch. Sie hielt es genauso wie mit der Sprache. Um mitzureden, musste sie mitmachen.

So bemächtigt sich die Gesellschaft ihrer Neuankömmlinge und zeigt uns, dass unsere eigenen Kinder nur sehr begrenzt unsere eigenen Kinder sind. In Japan galt es, bei den Kindern um Gnade dafür zu flehen, dass sie keinen herkömmlichen, nämlich japanischen Vater hatten, und dass die Aussichten, dass er je einer würde, nicht so günstig waren. Um dieses Defizit zu kompensieren, konnten sie allerlei Zugeständnisse erpressen, denn ganz ohne schlechtes Gewissen konnte ich mich da nicht aus der Affäre ziehen. Ihnen das Privileg vorzuenthalten, Kinder eines japanischen Vaters zu sein, war schließlich eine empfindliche Zumutung. Am Niederrhein nun stellte sich heraus, dass es kein bisschen einfacher war, den kindlichen Wünschen gerecht zu werden. Die Kinder finden vieles blöd und unzumutbar, was sie wiederum vor allem ihrem Vater in Rechnung stellen, der darüber hinaus wieder aus Unfähigkeit oder aus Neigung nicht alles so macht, wie man es von einem zurechnungsfähigen Vater sollte erwarten können. Der Kinder wegen manche eigenen Vorlieben und Vorstellungen über Bord zu werfen oder hintanzustellen ist man bereit, natürlich, aber nicht alle. Den sozialen Druck, dem man über die Kinder ausgesetzt ist, empfindet man sehr deutlich, wenn man plötzlich mit der Alternative konfrontiert ist: Katholik oder Protestant. Irgendetwas muss man ja sein. Äußerlich wird Toleranz demonstriert. Wenn einer Moslem oder Hindu ist, kann er natürlich auch in die Schule gehen, aber die konfessionelle Bindung von Schulen und Kindergärten hat doch einen sehr repressiven Charakter, auf den man empfindlicher reagiert, wenn man sie nicht für selbstverständlich zu halten gewohnt ist. Es ist die Repressivität einer Mehrheit, der es an Achtsamkeit gegenüber Minderheiten fehlt, weil sie selbst im Inneren gespalten ist. Christliche Frömmigkeit manifestiert sich hier immer, nolens volens vielleicht, entweder in katholischem oder in protestantischem Gewand. Flaggezeigen: Gehörst du dazu oder dazu?

Im Kindergarten in Japan gehörten die Kinder zu einer Minderheit, die meiste Zeit waren sie die Minderheit, aber sie brauchten nie irgendetwas zu sein. Kind war genug. In der Schule war es genauso. Nach ihrer Konfession hat da nie jemand gefragt. Bei Festen, die von Schrein oder Tempel organisiert wurden, machten die Kinder natürlich mit, denn da gab es Jo-Jos, Zuckerwatte, gebackenen Oktopus und andere Herrlichkeiten. Mit wichtigen Botschaften wurde das nie überfrachtet, schon gar nicht in der Schule. Den Eltern bleibt es unbenommen, ihren Kindern etwas von Buddhas Wandlungen oder von den Göttern der Flüsse und Berge, von Zeus auf dem Olymp oder vom Christkind zu erzählen. Zu den Aufgaben von Kindergarten und Schule gehört das nicht, obwohl die Vermittlung verhaltensleitender ethischer Werte in beiden ganz groß geschrieben wird.

Dass Kindergärten und Schulen hierzulande konfessionsgebunden sind und dass Montessori-Kindergärten und so bezeichnend «frei» genannte Schulen nur eine kleine Minderheit ausmachen, überraschte mich. Die Wahlmöglichkeiten sind sehr eingeschränkt. Wer sein Kind nicht in eine christliche Schule schicken will, kommt nicht nur in die Hölle, sondern muss das mit großen Unbequemlichkeiten büßen, die er auch seinen Kindern antut. Die Kirchen haben einen strategischen Vorteil, der historisch gewachsen ist. Sie wissen von prägenden Jahren und von der Notwendigkeit, ihre Botschaft so früh wie möglich unters Volk zu bringen. Die junge Generation haben sie deshalb fest im Visier. Aus ihrer Sicht und Interessenlage ist das gut verständlich. Weshalb sie bei der Verfolgung ihrer Interessen vom Staat nicht nur toleriert, sondern bevorzugt und gefördert werden, ist weniger leicht zu verstehen, wenn man davon ausgeht, dass die Bundesrepublik kein Gottesstaat ist. Die wenigsten Bundesbürger würden ihren Staat mit diesem Prädikat kennzeichnen, bei dem man nur an die Ajatollahs im Iran denkt, aber ist es ganz unpassend?

Die Schule wird in Deutschland noch immer als Staatsangelegenheit betrachtet und betrieben. Der Staat behält sich das Recht vor, zu bestimmen, was in Lehrplänen und Schulbüchern stehen darf. Die meisten Lehrer sind Beamte. Privatschulen sind Sache reicher Leute und problematischer Kinder. Und trotzdem bekennen sich so viele Schulen in öffentlicher Trägerschaft als entweder protestantisch oder katholisch. Wie sich das damit verträgt, dass die Trennung von Kirche und Staat vom Grundgesetz vorgeschrieben wird, ist für Außenstehende schwer einzusehen. Über den enormen Einfluss, der dadurch den Kirchen auf die Erziehung eingeräumt wird, kann jedenfalls nur hinwegsehen, wer nichts anderes kennt. In der Schule zeigt sich, dass das Verfassungsgebot auf sehr spezielle Weise interpretiert und praktiziert wird. Die christlichen Kirchen sind faktisch Staatskirchen. Was in den meisten Staaten unvorstellbar ist, hier benutzen sie den Staat, um ihre Gebühren einzutreiben, was oft damit gerechtfertigt wird, dass sie soziale Einrichtungen wie Kindergärten und Krankenhäuser betreiben. Die vielen Bürger, die solche Einrichtungen ebenso gern, wenn nicht lieber in Anspruch nähmen, wenn sie weltanschaulich ungebunden wären, werden dabei ignoriert. Ihnen wird auch zugemutet, etwas zu unternehmen, wenn sie *keine* Kirchensteuer – das heißt Steuern für *christliche* Kirchen – bezahlen wollen. Wer sich nicht gegenteilig äußert, zahlt automatisch. Wer nicht zum Einwohnermeldeamt gehen kann oder will, um aus der Kirche auszutreten, kann es nur mit Hilfe eines Notars schriftlich tun. So ist die Rechtslage.

An der Rolle, die die christlichen Kirchen im Schulsystem spielen, offenbart sich auch eine Eigentümlichkeit des christlichen Glaubensbekenntnisses in Deutschland. Die Kirchen brauchen den Staat als Krücke, auf die sie sich stützen. Ohne ihn trauen sie sich nicht zu, ihre Gemeinde beisammenzuhalten. Alles muss geregelt sein. Wenn der Staat sich damit begnügte, in seinen Schulen der Religion einen Platz im Geschichtsunterricht zu geben, müssten die Kirchen um ihre Klientel fürchten. Religionsunterricht muss stattfinden. Wenn der Staat den Menschen nicht verbietet, einkaufen zu gehen, müssen die Prediger fürchten, dass noch mehr Kirchenbänke leer bleiben. Lieber verordnete Frömmigkeit als gar keine, ist die Devise. Insgesamt ist da wenig Freiheit und viel Zwang.

Wie man sich dazu verhalten soll, ist eine schwierige Frage. Schwierig ist sie jedenfalls für alle, die der Meinung sind, dass die Macht der Kirche über die Menschen insgesamt mehr Unheil als Heil angerichtet hat; dass Flaggezeigen der Toleranz eher abträglich als förderlich ist; dass Glaubensfragen eine private Angelegenheit sind und aus der Schule, einem unter der Bedingung der allgemeinen Schulpflicht definitionsgemäß öffentlichen Bereich, fern gehalten werden sollten. Sie haben es schwer, sich und ihre Kinder dem Zugriff der Kirchen zu entziehen, ohne ihre Kinder ganz an den Rand zu stellen. Das Kind von allen staatlich-kirchlich verordneten Frömmigkeitsexerzitien zu dispensieren ist kaum möglich, und man täte ihm keinen Gefallen. Die Außenseiterrolle, die ihm durch die fremde Herkunft in gewissem Maße sowieso zufällt, würde man dadurch nur verstärken. Auch lehrt man es keine Toleranz, wenn man ihm ständig zu verstehen gibt, dass man, was um es herum geschieht, missbilligt. Alles zu akzeptieren hieße jedoch kapitulieren und ganz darauf verzichten, seinen Kindern deutlich zu machen, dass sie nicht alles zu glauben brauchen, was ihnen in der Schule erzählt wird. Für die Kinder ist das aber ein handfester Autoritätskonflikt.

«Was weißt du denn schon von Jesus?», fragte die Tochter bei Gelegenheit auftrumpfend und nutzte damit eine Blöße aus, die ich mir gegeben hatte, als ich bei anderer Gelegenheit aus diplomatischen Gründen meine Ignoranz in dieser Sache eingeräumt hatte. Für die Kinder ist Reli, wie sie sagen, genauso ein Fach wie Mathe, selbst wenn sie wissen, dass Reli nicht unbedingt sein muss. Was den Eltern als Option geboten wird, ist für die Kinder Zwang. Das macht die Sache so problematisch. Religionsunterricht als Teil des Schulcurriculums ist deshalb, wenn man die Dinge klar beim Namen nennt, staatlich verordnete Indoktrination.

Sankt Martin. Spannung und auch Vorfreude bei der Tochter, die gehört hat, dass es ein Fest geben wird. Alle Kinder ihrer Klasse werden durch den Ort ziehen, wie in Shimotakaido zu Ende des Sommers, wenn alle Kinder einen kleinen Schrein durch die Gegend tragen dürfen. Jeder kriegt ein Hachimaki, ein Stirnband, so wie die Schwerarbeiter, damit der Schweiß nicht in die Augen läuft. Männer schlagen die große Trommel und geben Anleitungen. Laut «wasshoi, wasshoi» rufend, tanzen die Kinder dann durch die Straßen und machen die Runde. Etwas zu essen und zu trinken gibt es auch. Wird es so sein am Martinstag? Alles wird vorbereitet in der Schule. Ein echtes Pferd für den Umzug wird in Aussicht gestellt und Süßigkeiten, die der moderne heilige Martin den Kindern bringen würde. Ein bisschen Spaß und Anreiz muss schon dabei sein, wenn es um die Vermittlung ethischer Werte geht. Laternen werden gebastelt und angemalt. Schließlich ist es so weit. Man steht am Treffpunkt herum und wartet, bis es dunkel wird. Es ist nicht sehr kalt. Selbst ohne Mantel friert man kaum. Aber um über Barmherzigkeit zu sprechen, muss man ja nicht gleich selbst erfrieren. Auftritt: der Relilehrer der katholischen Grundschule. «Heute, liebe Kinder», intoniert er, «feiern wir Sankt Martin. Wisst ihr, warum der Martin ein Heiliger war? Es war bitterkalt, und Martin kam in die Stadt geritten. Da sah er einen Bettler am Wegesrand, der hatte keinen Mantel. Martin hatte ein gutes Herz. Er zerschnitt seinen eigenen Mantel und teilte ihn mit dem Bettler, weil» – jetzt atmete er noch einmal tief durch vor der Pointe –, «weil er ein guter Christ war.»

Muss man das hinnehmen? Unbedachtheit sprach hier vielleicht aus dem Mund des Relilehrers oder einfach nur die gewöhnliche Blödheit der Kultur. Soll man hier nicht korrigieren und den Kindern den Autoritätskonflikt zumuten? Kinder nehmen es mit der Logik meist nicht genauer als Erwachsene. Sie ziehen oft die falschen Schlüsse. Weil er ein guter Christ war, deshalb war er barmherzig? Guter Christ, also barmherzig. Kein guter Christ, also nicht barmherzig. Ein Schintoist, Lamaist, X-ist ist kein guter Christ. Also … Ein falscher Schluss zwar, aber einer, der nahe gelegt wird, ohne ausgesprochen zu werden, und der Kindern eingängig ist. Irgendwann begreifen die Kinder das selber, aber bis dahin werden sie en passant zahllosen ähnlichen Bemerkungen ausgesetzt sein, die das geistige Klima mitbestimmen.

## VERTRETUNG

Den Vertretungsplan eines Gymnasiums zu lesen ist eine Fähigkeit, die man auf ebendiesem Gymnasium erwirbt, obwohl das in keinem Lehrplan steht, in keinem Fach unterrichtet wird. Schüler, die diese Fähigkeit nicht haben, sind im Nachteil, weil sie nicht hoffen können, sich auf den Unterricht oder die Schulwoche richtig vorzubereiten, die falschen Lehrbücher bei sich haben und in die falschen Klassenräume gehen. Solcherlei praktische Hintergrundkenntnisse gibt es viele. Um sich sicher und unbeschwert zu orientieren und durch den Schulalltag zu kommen, mit Mitschülern und Lehrern richtig umgehen zu können, sind sie genauso wichtig wie der akademische Stoff, der im Unterricht gelernt wird. Die große Bedeutung des Vertretungsplans blieb dem neuen Schüler des Gymnasiums am Niederrhein zunächst verborgen. Wochenlang wusste er nichts von seiner Existenz. Niemand wies ihn darauf hin oder erklärte ihm, was die verschiedenen Abkürzungen, Zahlen und Symbole auf den Zetteln im Schaukasten zu bedeuten hatten. Verstand sich das nicht von selbst? Die zentrale Bedeutung des Vertretungsplans ist so evident, dass sich niemand vorstellen kann, dass es einen Schüler gibt, der sie nicht kennt. Genauso wenig würde man erwarten, dass ein Schüler nicht weiß, dass es Pausen gibt. Das überfordert die Phantasie. Schule ist Schule und, das wissen die Bildungskomparatisten, grosso modo funktioniert sie überall gleich, insoweit jedenfalls, dass man internationale Vergleiche anstellen und sagen kann, dass die Franzosen besser in Geschichte, die Koreaner besser in Mathematik sind. Hier werden Ergebnisse gemessen, mehr oder weniger objektiv. Aus dem Blickwinkel der Schüler sieht das jedoch sehr anders aus.

Eine andere Schule ist für einen Schüler weniger dasselbe in Grün als vielmehr eine völlig andere Welt, zumal wenn die Schule, die er kannte, in einem anderen Land war. In der Schule, aus der der neue Schüler kam, einer städtischen Grundschule in Tokyo, gab es keinen Vertretungsplan. Das Institut des Vertretungsplans war ihm daher unbekannt. In der neuen Schule wunderte er sich zu Beginn lediglich, wie oft nicht das geboten wurde, was angekündigt war. Ohne Warnung wurde die Rolle eines Stars plötzlich von einem gänzlich unbekannten Darsteller gespielt. War das ein spezieller Überraschungseffekt, der zum Unterhaltungsprogramm gehörte? Keinen der anderen Schüler schien es zu überraschen. Also musste es wohl ein Teil der schulischen Ordnung hier sein. In Japan war das nicht so. Die Besetzung der Rollen fand Anfang des Jahres statt und blieb immer dieselbe. Gegeben wurde, was auf dem Spielplan stand. Eine solche Schule sich vorzustellen fällt hier am Niederrhein schwer, eine Schule, in der es keinen Vertretungsplan gibt, in der Schüler und Eltern damit rechnen können, dass Mittwoch in der zweiten Stunde Mathematik gegeben wird, wenn das auf dem

Stundenplan steht. Dabei ist das weiter keine besondere Schule, eine städtische Tokyoter Grundschule, wie es sie zu Dutzenden gibt.

Fünf Jahre lang habe ich diese Schule kennen gelernt, aus Elternsicht. Es war wahrlich keine besondere Schule. Wie die meisten öffentlichen Schulen Japans litt sie unter einem knapp bemessenen Budget, wovon die Klassenstärke von dreißig bis fünfunddreißig Kindern, das Schulhaus und die Ausstattung deutlich Zeugnis ablegten. Der Direktor wurde turnusgemäß alle drei Jahre ausgewechselt. Die übrigen Lehrer blieben länger, das andere Personal in Verwaltung und Küche noch länger. Die Schulbibliothek war gut bestückt, aber nicht reich. Die Bücher, die nach Hause kamen, waren unweigerlich schon mehrfach gelesen. Alles Routine, eine durchschnittliche Schule. Niemand hätte von ihr gesagt, dass man unbedingt sein Kind dorthin schicken sollte. Risse im Putz, abgestoßene Stühle und staubige Fenster bedeuten aber für Kinder wenig. Was zählt, sind die Freunde, was man zusammen erlebt, was man zusammen macht. Es waren fünf glückliche Jahre für den Schüler und deshalb auch für seine Eltern. Wie förderlich es doch dem Seelenfrieden ist, wenn ein Kind gern zur Schule geht!

Kinder lieben es nicht, umgeschult zu werden. Sie verlieren all ihre Freunde, sie müssen sich von vielen Gewohnheiten trennen und neue einüben. Das kostet viel Anstrengung. Kindliche Neugier richtet sich zudem selten auf Dinge, die ihr aufgezwungen werden. Die negativen Aspekte einer solchen Veränderung überlagern deshalb zunächst alles, was möglicherweise positiv sein könnte. Das ist wohl meistens so, aber dennoch können Umschulungen mehr oder weniger traumatisch sein. Sehr viel liegt da an dem allgemeinen Klima und der Integrationsbereitschaft der neuen Schule.

Das japanische Schuljahr geht von April bis März. Die Umschulung nach Beendigung des fünften Schuljahres in Tokyo brachte es daher mit sich, dass sie am Niederrhein mitten ins Schuljahr fiel. Nun Gymnasiast zu sein bedeutete für den neuen Schüler vorderhand wenig anderes als Heimweh. Seine Eltern hatten das antizipiert. Monate im Voraus hatten sie die Schule bei einem Besuch und dann noch schriftlich darauf hingewiesen, dass der neue Schüler der deutschen Sprache zwar mehr oder minder mächtig sei, vom deutschen Schulsystem aber nichts wisse und auch mit dem Leben in Deutschland keinerlei Erfahrung habe und deshalb etwas Unterstützung brauche. Selbstverständlich, wurde ihnen beschieden, «kein Thema». Das war es dann offenbar auch nicht, denn nichts deutete darauf hin, dass die Schule für Neuankömmlinge irgendwelche besonderen Serviceleistungen vorsah. Einem Mitschüler aus der Nachbarschaft erging es genauso. In Chile aufgewachsen und auf die Schule gegangen, fühlte er sich auf dem Gymnasium am Niederrhein wie der Schüler aus Tokyo, verraten und verkauft. Da er schon älter war, konnte er seine Gefühle besser artikulieren. Was ihm fehle, sagte er, sei eine ausgestreckte Hand. Dafür hatte die Schule keinen Spielraum. Ausgestreckte Hand stand nicht auf dem Lehrplan und auch nicht in der Schulordnung. Die Schule zeigt da nur ein Spiegelbild der Gesellschaft. Zuwanderern gegenüber zeigt sie sich nicht offen.

Dass das gerade im Vergleich mit Japan zur Sprache kommt, mag manchen überraschen, gilt Japan doch als eine sehr geschlossene Gesellschaft. Und zweifellos hat das Inselreich an der Peripherie des asiatischen Kontinents weniger Erfahrung mit Fremden und Wanderern als ein Land im Herzen Europas, wo Völkerwanderungen stattfanden, immer wieder Menschen verschiedener Herkunft aufeinander trafen und sich miteinander vermischten. Vielleicht ist aber gerade das ein Grund dafür, dass hier darauf vertraut wird, jeder werde seinen Weg schon irgendwie finden. In der Schule in Takaido tat man das nicht. Um zugezogene Kinder, gleichviel ob sie aus einem anderen Stadtteil oder aus dem Ausland kamen, kümmerte man sich vom ersten Tag an intensiv, um ihnen die Integration zu erleichtern. Man weiß, dass gerade die ersten Wochen für die Neuen schwierig und deshalb wichtig sind, und handelt dementsprechend. Dass ein neuer Schüler kommt, wird vorher im Unterricht thematisiert, seine Aufnahme wird der Klasse zur Aufgabe gemacht.

Das einzige Zeichen, das erkennen ließ, dass der Neue aus Tokyo im Gymnasium registriert worden war, verstärkte den Eindruck, dass es für diese Art gezielter Integrationshilfe hier keine eingespielten Mechanismen gibt. Es war ein Anruf etwa drei Wochen nach Ferienende, als alle neuen Kinder bereits in den Brunnen gefallen waren. Der Schulleiter des Gymnasiums war am Apparat:

«Ja, wissen Sie, Ihr Sohn –»

«Ja, was ist mit meinem Sohn?»

«Ihr Sohn, ist der denn wirklich gar nichts?»

«Wie meinen Sie das? Ich versteh nicht.»

«Ähm, ich meine, ist er nicht, nicht wenigstens Schintoist oder so etwas? Er sagt, er ist kein Katholik und auch kein Protestant.»

«Das stimmt.»

«Hm hm, und auch kein Schintoist oder Buddhist?»

«Nein, jedenfalls nicht, dass ich das wüsste.»

«Aha. Hätten Sie als Erziehungsberechtigter denn etwas dagegen, wenn Ihr Sohn mit dem heiligen Sakrament der Taufe vertraut gemacht wird?»

«Nein, dagegen habe ich nichts.»

Ob es unheilige Sakramente gebe, wollte ich in diesem Moment fragen, unterdrückte aber den Impuls, dem Sohn zuliebe, und sagte stattdessen: «Aber ich glaube, im Moment wäre kompensatorischer Deutschunterricht für ihn mindestens ebenso wichtig wie das heilige Sakrament der Taufe. Sie hatten das versprochen. Erinnern Sie sich daran?»

Taufen kostet nichts, Deutschunterricht schon. Außer heiligen Sakramenten sah die Schule einfach keine Hilfestellung für Schüler vor, die etwas von der Norm abwichen, keine ausgestreckte Hand, geschweige denn offene Arme. Das war der auffälligste Eindruck von der neuen Schule, die sich eines äußerst guten Rufs und deshalb großen Andrangs erfreut.

Es soll hier nicht eine bestimmte Schule bloßgestellt werden. Worauf es ankommt, ist, die Normalität einer sicher eher guten als schlechten Schule vor dem Hintergrund einer anderen Normalität zu betrachten. Der sozialen Erziehung wird in deutschen Schulen wenig Platz gegönnt. Sie sind Anstalten der Vermittlung akademischer Kenntnisse und entledigen sich dieser Aufgabe mehr oder weniger gut und gewissenhaft. Der Stoff, den es zu bewältigen gilt, ist sehr umfangreich, die dafür zur Verfügung stehende Zeit sehr knapp. Und das ist das Hauptproblem. Neben dem Pensum, das der Lehrplan vorschreibt, bleibt wenig Spielraum. Das ist ein Problem für Schüler, Lehrer und Eltern, also für das ganze Schulsystem, dessen Ausmaße man sich klarmachen kann, wenn man Vergleiche anstellt.

Dass japanische Schüler in international vergleichenden Leistungstests gut abschneiden und besser als deutsche, ist bekannt. Über die Gründe werden allerlei Vermutungen angestellt, einer sticht jedoch ins Auge: Japanische Schüler verbringen wesentlich mehr Zeit in der Schule als deutsche. Ihr Schuljahr ist fast ein Fünftel länger, wenn man die Schultage zählt. Zwischen 220 und 240 Schultagen hat das japanische Schuljahr, 180 bis 200 das deutsche. Misst man die in der Schule verbrachte Zeit, ist die Disproportion noch viel größer, denn japanische Schüler sind von acht Uhr bis drei oder vier Uhr nachmittags in der Schule, während die Schule hierzulande um eins oder halb zwei aus ist. Auf eine durchschnittliche Schulkarriere bis zum Oberschulabschluss umgerechnet, bedeutet das, japanische Kinder gehen bis zu zweieinhalb Jahre länger in die Schule als deutsche. Durch das in der Welt fast einzigartige deutsche dreizehnte Schuljahr wird das zeitlich nicht ausgeglichen und noch viel weniger, wenn man an die Sozialisationsleistung denkt, die die Schule erbringt. Die Stoffmenge, die ein japanischer Schüler beim Abschluss der Oberschule bewältigt hat, ist mit dem, was ein deutscher Abiturient gelernt hat, vergleichbar, aber über das Zusammenleben, über Kooperation und über den Umgang mit Schwächeren hat er viel mehr gelernt. Die längeren Stunden, die japanische Schüler in der Schule zubringen, werden weniger für den Erwerb von Faktenwissen genutzt als für Sozialtraining. Jede Klasse wird in Gruppen von fünf oder sechs Kindern eingeteilt, die alle möglichen Aufgaben übernehmen. Sie haben abwechselnd Küchendienst, machen gemeinsam ihr Klassenzimmer und die Schule sauber, kümmern sich um ein Stück des Gartens, die Sportgeräte, das Musizierzimmer. Tag für Tag hat jeder irgendeine Aufgabe, die der Gemeinschaft dient, meist nicht allein, sondern als Mitglied eines Teams. Die Schule ist keineswegs nur ein Ort des Lernens, wodurch sie einen ganz anderen Charakter hat, als ihn der Acht-bis-eins-Betrieb bei uns haben muss. Die japanische Schule gilt wie die Gesellschaft als konformistisch. Was das aktive Arbeiten an sozialer Kohäsion, Integrationsbereitschaft und Toleranz betrifft, hat sie ihrem deutschen Gegenstück jedoch viel voraus. Zum Teil liegt das an dem Selbstverständnis der Schule und dem ihrer Akteure.

Die Grundannahme der japanischen Schule ist, dass Kinder gutwillig und neugierig sind und eine natürliche Bereitschaft haben zu lernen. Sie neigen zu Zusammenarbeit und einfühlsamem Umgang mit anderen. Diese Neigungen durch geduldige Ermutigung zu fördern ist die Aufgabe des Lehrers. Dieses Ideal zu verfolgen heißt, auf der Grundlage engagierter Beziehungen eine soziale Ordnung zu errichten. In den unteren Schuljahren ist diese Ordnung wichtiger als die Bewältigung des Pensums. Letztere kann nur gelingen, wenn die sozialen Beziehungen für alle befriedigend sind. Nicht immer ist das der Fall, aber dieses Ideal bestimmt in starkem Maße alles, was in der Schule geschieht. Lange wird Anstrengung mehr prämiert als Leistung, denn durch Anstrengung wird Zivilisation, wird die moralische Vervollkommnung jedes Einzelnen als Mitglied der Gesellschaft erreicht. Hier nehmen sich solche Worte pathetisch aus, in Japan wären sie als selbstverständliches Ziel der Schule der Rede nicht wert. Der in westlichen Darstellungen des japanischen Schulsystems immer wieder hervorgehobene Leistungsdruck und das Büffeln für die Aufnahmeexamen guter Oberschulen und guter Universitäten setzt erst in höheren Klassen ein, wenn ein solides Fundament sozialen Verhaltens gelegt worden ist. Disziplin spielt in der sechsjährigen Grundschule eine untergeordnete Rolle. Die Schule beginnt damit, eine Atmosphäre gegenseitigen Vertrauens und gemeinsamen Entdeckens zu schaffen. Alle Kinder werden einbezogen. In ihrem Verhalten auffällige Kinder werden viel später beziehungsweise erst bei viel größeren Auffälligkeiten ausgesondert als gewöhnlich in Deutschland. In den meisten Fällen werden hyperaktive Kinder oder solche mit Down-Syndrom in der Klassengemeinschaft durch die Grundschule gebracht, auch wenn sie den Leistungsstandards nicht genügen können. Die Schule wird dadurch für die Schüler eine soziale Welt, in der zwar auch Faktenwissen erworben wird, was aber beileibe nicht der einzige Inhalt ist. Durch praktisches Sozialtraining dieser Art werden die Prinzipien moralischen Verhaltens sehr viel eindringlicher vermittelt, als es im Religionsunterricht, den es in Japan nicht gibt, geschehen kann. Den Lehrern verlangt diese Philosophie viel ab. Zeitlich genießen sie weniger Freiheit als ihre deutschen Kollegen, denn in der Regel verbringen sie den ganzen Tag in der Schule. Wie das der Schüler ist auch ihr Schuljahr länger als das deutsche. Dass es ihnen deshalb schlechter geht als deutschen Lehrern, würde vielleicht mancher Funktionär der GEW behaupten. Selbstverständlich ist das jedoch nicht. Größer ist jedenfalls das Ansehen, das sie in der Gesellschaft genießen, und möglicherweise auch ihre Zufriedenheit. Ein Anzeichen dafür gibt es: Sie bleiben ihrem Arbeitsplatz wesentlich seltener fern als deutsche Lehrer.

«Der Lehrerberuf ist kein Halbtagsjob.» Zu dieser verblüffenden Erkenntnis gelangte anhand einer von ihr in Auftrag gegebenen statistischen Studie die Ministerin für Schule und Weiterbildung, Wissenschaft und Forschung des Landes Nordrhein-Westfalen – so heißt sie wirklich. Weshalb, fragt sich der unbedarfte Zeitungsleser, der Anfang 2000 auf eine Meldung dieses Inhalts stößt, ist das berichtenswert, und weshalb wohl werden Steuergelder für Untersuchungen ausgegeben, die solche Ergebnisse zutage fördern. Gehören sie zu den Arbeitsbeschaffungsmaßnahmen für arbeitslose Akademiker? Oder wollte die Ministerin der Frage, ob Lehrer einen Halbtagsjob ausüben oder nicht, wirklich auf den Grund gehen? Wenn ja, wieso? War sie doch selbst einmal Lehrerin. Es muss einen Grund geben, denn sonst wären wir ja, was wir auf keinen Fall wollen, zu der Schlussfolgerung gedrängt, dass das Ministerium für Schule und Weiterbildung, Wissenschaft und Forschung ebenso überflüssige wie unsinnige Studien in Auftrag gibt. Vielleicht hat es etwas mit dem Gefühl des Neids zu tun, das viele ob der langen Ferien der Lehrer nicht unterdrücken können und das sie in den öffentlich geäußerten Verdacht ummünzen, sie würden auch sonst nicht übermäßig viel arbeiten. Oder geht es hier etwa um ein Problem der Volksgesundheit? Wenn deutsche Lehrer nicht ein besonders anfälliger Menschenschlag sind, dann steht es um die Gesundheit der Deutschen schlecht. Sie sind sehr kränklich.

Die wahre Antwort birgt natürlich das schon besprochene Institut des Vertretungsplans. Wie wir gesehen haben, führte der Weg zum Heimischwerden im Gymnasium am Niederrhein über den Vertretungsplan. Er war eine der vielen Eigentümlichkeiten, an die sich der neue Schüler aus Tokyo gewöhnen musste. Mit ihm lernte er, was alles zum Gymnasiastendasein gehört. So lernte er, dass dieser Plan nicht nur über kurzfristige Umbesetzungen Auskunft gab, sondern auch über Eingriffe in den Spielplan, die man nur mit euphemistischer Großzügigkeit als Vertretungen bezeichnen konnte. Ganze Passagen der angekündigten Stücke wurden gestrichen. Und er lernte, dass solche Streichungen Grund zur Freude waren, bei seinen Mitschülern jedenfalls. Dass Unterrichtsausfall für Schüler Grund zum Frohlocken ist, gilt hier als völlig normal, da die Schule als eine Art Gefängnis betrachtet wird. Nur Heuchler und Streber – gibt es ein abfälligeres Schimpfwort? – würden das verneinen. Den Vertretungsplan galt es also genau im Auge zu behalten, denn er konnte fast nur freudige Überraschungen bereithalten.

Einmal war die Lehrerin in seiner Grundschule in Takaido auf einem Schulungskurs. Einmal war sie im Krankenhaus, als ein Mitschüler seiner Klasse, der Leukämie hatte, im Sterben lag. Einen Vertretungsplan gab es deshalb nicht. Vertretung ad hoc zu organisieren war völlig hinreichend, denn die Notwendigkeit dafür bestand fast nie. Wenn ein Lehrer oder eine Lehrerin aus so dramatischen Gründen wie dem eben erwähnten tatsächlich einmal keinen Unterricht machen konnte, gab es immer einen Kollegen, der einzuspringen bereit war. Die Schüler nach Hause zu schicken wäre niemandem in den Sinn gekommen. Mehr Lehrer als in Deutschland gibt es in Japan nicht, eher weniger. Ihre Arbeitsbelastung ist sicher nicht geringer, ihr Lohn nicht höher. Woher kommen dann die siebzig Schulstunden pro Klasse, die jährlich in Deutschland ausfallen? Bei solchen Größenordnungen braucht man natürlich einen logistischen Plan, um der Lage Herr zu werden. Auch wird ein wenig begreiflicher, dass die Ministerin Interesse an der Frage mit dem Halbtagsjob hat. Mit ihrer überzeugten Verlautbarung, dass das Lehreramt kein solcher sei, hat sie freilich noch nicht überzeugend begründet, wie es dazu gekommen ist, dass die Frage überhaupt aufgeworfen wird, noch warum so viele Stunden ausfallen.

Gehen die Lehrer etwa nicht gern in die Schule? Den Schülern teilt sich das mit. Was dem die Tokyoter Schule gewohnten Neuen hier sofort auffiel, war die Geschwindigkeit, in der die Klasse leer ist, wenn der Gong zur Pause oder zum Ende des Schultags schlägt. Bloß weg hier, hinaus in die Freiheit! Er war es gewöhnt, auch nach Ende des Unterrichts, um drei oder vier Uhr nachmittags, noch in der Schule zu bleiben, manchmal von zu Hause dorthin zurückzukehren, um mit den Freunden zu spielen. Die Schule war kein Ort, an dem man sich seiner Freiheit begab, kein notwendiges Übel, das man über sich ergehen lassen muss, sie war der Mittelpunkt seines Lebens, wie der seiner ganzen Klasse. In Japan lieben genauso wenig alle Schüler alle Fächer wie in Deutschland. Zwar gelten Lernen und Gelehrsamkeit als etwas Gutes, aber trotzdem gibt es natürlich Kinder, die nur wenig Enthusiasmus aufbringen, wenn es um Vokabeln und mathematische Formeln geht. Auch diese Kinder gehen aber deshalb nicht unbedingt ungern in die Schule, denn in der Schule wird so viel Zeit mit anderen Dingen verbracht, dass sie sich trotzdem wohl fühlen können. Dass Kinder die Schule hassen, sei ganz normal, sagte mir ein Mitarbeiter des deutschen Jugendinstituts.

Für die Kinder ist das schlimm genug, aber die Leiden der Eltern sind auch nicht zu unterschätzen. Ihnen fällt die Rolle zu, sich alltäglich ab Mittag um entlassene Strafgefangene zu kümmern, angefangen damit, dass sie ihnen etwas auf den Mittagstisch stellen müssen. Das hält man hier für völlig normal. Von der Doppelbelastung durch Familie und Arbeit wissen Frauen in allen Industrieländern ein Lied zu singen. In Deutschland ist sie zweifellos besonders schlimm. Schuld daran ist das Schulsystem. Allein aus Zeitgründen leistet die japanische Schule für die Gesellschaft weit mehr als die deutsche. Von der Zivilisationsleistung, die sie zur Förderung der sozialen Harmonie erbringt, ist dabei noch gar nicht die Rede. Einfach nur die Zeit. Angefangen mit dem Kindergarten, der Kindern ab einem Jahr offen steht, während hierzulande das Gesetz Kindern erst ab drei einen Kindergartenplatz zugesteht, schafft das japanische Erziehungssystem Eltern sehr viel mehr Spielraum. Sie können sich darauf verlassen, dass ihre Kinder von acht bis vier unter Aufsicht sind und nicht plötzlich um zwölf Uhr vor der Tür stehen, «weil die letzte Stunde ausgefallen ist». Tokyo, es kam schon zur Sprache, ist eine schnelllebige Stadt, in der die Zeit immer knapp ist. Gemessen daran ist das Leben in einem Vorort am Niederrhein gemächlich und beschaulich, sollte man denken. Für Menschen, die arbeiten und Kinder haben und keine Gouvernante in Dienst nehmen, gilt das jedoch auf keinen Fall. Im Gegenteil, zwischen Brückentagen, Vertretungsplan und schlechtem Gewissen gegenüber den Kindern sind sie in ständiger Hetze. Das Leben in Tokyo war verglichen damit ein Spaziergang.

Am Donnerstag, wurde mir kurzfristig mitgeteilt, könne ich meine Tochter schon um Viertel vor zehn abholen. Ein Mitvater der ersten Klasse fand sich wie ich rechtzeitig in der Schule ein. In der Erwartung, ihm Sympathiebekundungen zu unserem geteilten Leid entlocken zu können, machte ich meinem Herzen Luft.

«Unglaublich ist das, dass die hier ihren Job nicht ordentlich machen!»

«Wieso», fragte der Mann ehrlich verdutzt und entwaffnend, «ich war auch immer froh, wenn 'ne Stunde ausfiel.» Ein Kind seiner Gesellschaft.

## TITEL

Seit ich in Deutschland bin, werde ich geehrt. Jedenfalls kann ich mir das einbilden, wenn ich mir die Korrespondenz ansehe, die täglich über meinen Schreibtisch geht. Fast alle Briefe fangen mit «Sehr geehrter Herr …» an. Ein Teil der Korrespondenz ist englischsprachig, leider, denn darin werde ich nie geehrt. Trösten kann ich mich allein damit, dass in der englischsprachigen Welt nur die wenigsten geehrt werden, außer in Indien, wo man nicht nur gute Software herstellt, sondern auch noch ein Gefühl für Stil hat. Ansonsten sind die einzigen Geehrten, von denen ich weiß, die Abgeordneten des Unterhauses in Westminster, die einander als «Right Honourable Gentleman» anreden, und zwar in der dritten Person: «Does the right honourable gentleman know that …?», sagt man zu seinem Kontrahenten, wenn man sagen will, dass er irgendetwas nicht weiß, was er wissen sollte. Aber in der dritten Person kann man sonst kaum jemanden anreden, vielleicht noch einen Richter, Euer Ehren. Pech für alle, die auf die englische Sprache angewiesen sind, denn sie haben praktisch keine Wahl. Wenn sie überhaupt etwas schreiben wollen und sich nicht auf die anonyme Anrede «Gentlemen» im Plural beschränken, kommen sie kaum darum herum, ihren Adressaten zu lieben: Dear Mr. oder Mrs. oder Dear Vorname. Leute, die mich genauso gut kennen wie die, die mich hierzulande ehren, schreiben mich auf Englisch oft mit Vornamen an. Ohne zu fragen. Und wenn man anruft, sagen sie: «Hello, this is Brenda, how can I help you?» – Brenda, die in meinem Leben bisher nie vorgekommen ist. Das ist der Geist der angelsächsischen Liberalität, der hier spricht. So sagt man jedenfalls.

Tatsächlich ist es nicht Freiheit, sondern das schiere Gegenteil, nichts als Zwang, der Zwang der Kultur. Man kann gar nicht anders. Wenn man einen amerikanischen Kollegen nicht vor den Kopf stoßen will, muss man ihn praktisch mit Vornamen anreden. Auf das Geliebtwerden da und Geehrtwerden hier kann man sich also absolut nichts einbilden. Es bedeutet nichts. Nur ganz stimmt das wieder nicht. Viele Konventionen bedeuten in diesem Sinne nichts. Niemand glaubt wirklich, dass Stanzformeln wie «Sehr geehrter» oder «Lieber ...» im wörtlichen Sinne zu verstehen sind. «Sehr geehrte Fahrgäste! Bitte werfen Sie keine Abfälle auf die Gleise!» Wie kann man jemanden ehren, dem man zutraut, Abfälle auf die Gleise zu werfen?! Um Anredeformen und andere sinnentleerte Klischees sollte man also nicht allzu viel Aufhebens machen. Es sind nur Marken, die es uns gestatten, immer wiederkehrende Aufgaben zu erledigen, ohne lange darüber nachzudenken. Wie kann ich bloß diesen Brief anfangen? Das ist ganz und gar überflüssig, denn das haben andere für uns bereits entschieden, diejenigen, die die Konventionen gemacht haben. Die Verwendung dieser Ausdrücke ist reine Routine, erfordert keine Phantasie und fällt überhaupt nicht auf. Auf fällt man nur, wenn man versucht, solchen Ausdrücken ihren wörtlichen Sinn zurückzugeben, oder sich über die Bedingungen ihres Gebrauchs hinweggesetzt. Josef Beuys duzte alle Menschen. Das war ungehörig, aber Künstlern und anderen professionellen Exzentrikern wird so etwas nachgesehen. Wir haben sogar allen Grund, ihnen dankbar zu sein, denn ihr Verhalten zeigt uns, dass die Klischees, in denen wir gefangen sind, doch nicht ganz bedeutungslos sind, wenn auch ihre Bedeutung nicht unbedingt in ihrem Wortsinn liegt. Abgegriffen wie sie sind, stellen sie so etwas dar wie Türgriffe. Ihre Form ist recht unerheblich, aber ohne sie kommt man schlecht aus. Und wenn man den Griff schieben statt drehen oder drehen statt schieben muss, um die Tür zu öffnen, erfordert das erst etwas Gewöhnung. Die Details von Drehen und Schieben können recht unterschiedlich sein.

Ein weiterer Teil der Korrespondenz auf meinem Schreibtisch ist japanisch. Darin werde ich weder geehrt noch geliebt, denn japanische Briefe schreibt man ohne eine abgesetzte Anrede. Dass ein Schreiben an mich ist und von wem es kommt, steht am Schluss. Dafür wird mir aber ein auf Wetter und Jahreszeit abgestimmter Gruß entboten. Ohne einen solchen kann man einen japanischen Brief nicht beginnen, jedenfalls nicht, wenn man Sitte und Anstand Genüge tun will. Auch hier bedient man sich gern vorgestanzter Klischees. Damit, dass man dem Adressaten gute Gesundheit trotz der anhaltenden Sommerhitze wünscht, folgt man nur den Geboten der Höflichkeit. Man tut, was erwartet wird, ohne dass der Empfänger zu dem Schluss berechtigt wäre, man habe damit einem Herzensanliegen Ausdruck gegeben. Die vorgeschriebene Form ist freilich freundlich, was möglicherweise zur Herstellung eines freundlichen Klimas ein bisschen beiträgt, jedenfalls kann man das nicht ganz ausschließen. Hier liegt die eigentliche Bedeutung all der Formeln und Klischees, die wir im Alltag benutzen. Sie sind eine Facette von Atmosphäre und Hintergrund. Das Ehren und Lieben gehört auch dazu und das, als was man geehrt oder geliebt wird.

In deutschsprachigen Briefen werde ich gewöhnlich nicht nur als schlichter Herr, sondern als «Herr Professor Doktor» geehrt oder etwas ökonomischer als «Herr Prof. Dr.». Diese Reduplikation der Ehrenbezeigung versinnbildlicht den speziellen Charakter der sozialen Beziehungen, der sich aus der Verbindung von akademischer und deutscher Kultur ergibt. Statusbewusstsein spielt eine erstaunlich wichtige Rolle in diesem Milieu. In den meisten Briefen wird gleich zweimal gedoktort und professort, oben in der Anschrift und dann noch einmal in der Anrede.

Als Professor, als einen der Ihren, kennen mich Kollegen in vielen Ländern seit einem Vierteljahrhundert. In diesem Sinn ist ein Professor ein Mensch, der an einer Universität unterrichtet. So einfach ist das in Deutschland freilich nicht. Da wird fein unterschieden zwischen Halbgöttern und Sterblichen, Professoren und einfachen Doktoren und anderen Mitgliedern des Fußvolks, die diesen erlauchten Titel nicht führen dürfen. Obwohl die internationale Wissenschaftlergemeinschaft in vieler Hinsicht eine Realität ist, legen viele Akademiker in Deutschland tatsächlich Wert auf diesen

Unterschied. Das muss man jedenfalls annehmen, wenn man beobachtet, wie peinlich genau er beachtet wird. Peinlich kann das manchmal sein. Ich erinnere mich an einen internationalen Kongress, wo ein deutscher Wissenschaftler mit einem amerikanischen Kollegen in einen Disput geriet. Man sprach englisch. Der Amerikaner paraphrasierte das Argument seines deutschen Widersachers und bezog sich dabei auf ihn als Doktor G. Doktor G. fühlte sich dadurch in seiner Würde bedroht und wies darauf hin, dass er ein Professor sei. Der Amerikaner blickte ihn verständnislos an. Natürlich, außer vielleicht ein paar Studenten war da jeder Professor, man war ja unter Kollegen. Der Deutsche verstand nicht, dass der Amerikaner ihm besonderen Respekt erweisen wollte oder einfach nur vorsichtig war, weil er wusste, dass die Deutschen verrückt nach Titeln sind, und deshalb als Doktor G. von ihm sprach, statt seinen Vornamen oder seinen Vor- und Nachnamen zu benutzen. Als Doktor bezeichnet man auf Englisch besonders angesehene Wissenschaftler («Doctor Johnson» oder «Doctor Kissinger»), ein Professor hingegen ist jeder, der auch nur einen Lehrauftrag in Häkeln und Stricken für Anfänger wahrnimmt. Ehrabschneidung lag dem Amerikaner völlig fern, nur wusste der Ahnungslose nicht, dass das Privileg, als Beamter im Staatsdienst zu stehen, in Deutschland mehr zählt als die akademischen Würden des einfachen Doktors. Auf die will man freilich auch nicht verzichten, daher der Professor Doktor.

Warum man das überhaupt sagen muss? Ja, das ist eine schwierige Frage. Gewachsene Strukturen nennt man so etwas oder eben Kultur. Herr Professor hier, Herr Professor da. Akademiker sind ein besonderes

Völkchen, deutsche allemal. Unter Titelsucht leiden noch immer viele von ihnen. So manche machen sich in feiner Selbstironie darüber lustig, der man den stolzen Unterton dessen, der sie sich leisten kann, allerdings anhört; aber benutzen tun ihre Titel fast alle. Diese Krankheit tritt auch in sekundären Syndromen zutage, affiziert also nicht nur die Träger der Titel, sondern auch ihre Umgebung. Die Sekretärin, die ich erbte, musste ich erst darum bitten, mich mit meinem Familiennamen anzusprechen. Ebenso, was mich noch viel mehr überraschte, die Studenten, die mich ganz wie sie zunächst herrprofessorten. Bestimmt hätten sie das nicht getan, wenn sie nicht wüssten, dass es Leute meinesgleichen gibt, die Wert darauf legen, geherrprofessort zu werden, und vermuteten, dass ich zu ihnen gehörte. Sie wollten mich nicht enttäuschen, schlimmer noch vielleicht, sie wollten es mit einem, der über ihnen steht und von dem sie womöglich irgendwann einmal etwas wollen könnten, nicht verderben. Bei der Sekretärin allerdings hatte ich das unbestimmte Gefühl, dass ich sie enttäuschte. Konnte sie sich noch als Sekretärin eines Herrn Professor Doktors fühlen, wenn der sich gar nicht wie ein solcher betragen wollte? Wie stand sie gegenüber ihren Kolleginnen da? Wie der Chauffeur von einem Mercedes ohne Stander. Dabei war die Sekretärin nur bemüht, die Interessen ihres Chefs zu wahren. Besser als er wusste sie, dass seine Briefe schneller beantwortet wurden, wenn sie von einem Prof. Dr. kamen, insbesondere solche ans Ministerium; dass man ihn am Telefon weniger lange warten ließ, wenn er nicht als Normalmensch, sondern als Professor sprach, und dass in dem Falle auch seine Chancen, zurückgerufen zu werden, wenn er eine

Nachricht hinterließ, viel besser waren. So *ist* das einfach, ein Aspekt deutscher Demokratie. Ein Prof. Dr. ist ein höheres Wesen und dumm, wenn er sich als etwas anderes ausgibt. Wen kann es wundern, dass manche deutschen Prof. Drs. heimlich oder auch öffentlich davon überzeugt sind, ein deutscher Professor sei mit Professoren in anderen Teilen der Welt letztlich nicht zu vergleichen. Sie haben natürlich Recht, denn ein vergleichbarer Umgang mit Titeln ist schon rar. Der Professorentitel wird ja nicht benutzt, damit man weiß, was einer ist. Worum es geht, sind Status und Hierarchie.

Zu einer Podiumsdiskussion in die heiligen Hallen der niederrheinischen Gelehrtenrepublik sollte ein Kollege aus Amsterdam eingeladen werden, ein ebenso kluger wie berühmter Mann, der für jede Gesprächsrunde eine Bereicherung ist. Einer der Prof. Drs. der gastgebenden Universität protestierte: Der Holländer war früher Journalist – igitt! – und aus ihm «unverständlichen Gründen in einer Universität gelandet».

Status und Hierarchie sind auch in der japanischen Gesellschaft von einiger Wichtigkeit. Das Senioritätsprinzip und die Asymmetrie zwischen sozial Höher- und Niedrigergestellten betrachten manche als viel ausgeprägter als in Deutschland und in anderen westlichen Demokratien. Sie bemühen dann die aus China übernommene konfuzianische Tradition und verweisen auf die danach so wichtigen fünf menschlichen Beziehungen zwischen Herrscher und Untertan, Vater und Sohn, Mann und Frau, älterem Bruder und jüngerem Bruder, Freund und Freund. Mit Ausnahme der Letztgenannten sind es Beziehungen, die über Gehorsam und Fürsorge definiert sind, Beziehungen zwischen Ungleichen, in denen es keinen Zweifel über die Rangordnung gibt. Das zweite Element, die Fürsorgepflicht dessen, dem die ihm zu Gehorsam Verpflichteten folgen, ist freilich nicht weniger wichtig. Der hierarchischen Ordnung wird dadurch ihre Strenge genommen und ein menschliches Antlitz gegeben. Man kann Zweifel daran haben, dass die Menschen in Japan heute nach konfuzianischen Prinzipien von Ordnung und Moral leben; sicher tun sie das nicht in dem Sinne, dass sie sich bewusstermaßen an einem Katalog von Grundsätzen orientieren. Zu vielfältig sind die Brechungen und Überlagerungen, die das chinesische Kulturerbe seit dem japanischen Mittelalter und der so stark westlich geprägten Neuzeit erfahren hat. Aber einige verblichene Folien sind übrig, und sie haben ihre verhaltensbestimmende Wirkung keineswegs gänzlich eingebüßt.

Hierarchische Beziehungen sind in Japan typischerweise durch eine Mischung von Autorität und Benevolenz gekennzeichnet, deren Wurzeln man in dieser Tradition suchen kann. Als Lehrer hat man unvermeidlich solche Beziehungen. Aber indem ich diesen Begriff verwende, gebe ich zu Missverständnissen Anlass. Denn mit Lehrern meine ich auch die, die an der Universität unterrichten. Manchen Prof. Drs. missfällt es vielleicht, mit solchen in einen Topf geworfen zu werden, in Japan aber tut man das. Die Struktur von Status und Hierarchie im akademischen Bereich ist eine andere. Professor heißt *sensei,* und so wird ein solcher angesprochen. Das ist eher ein Ehrentitel als eine Berufsbezeichnung. Mehr als eine bestimmte Tätigkeit kennzeichnet er das Verhältnis zwischen Sprecher und Angesprochenem.

Dieses Verhältnis beinhaltet viele Eigentümlichkeiten der japanischen Kultur.

*Sensei* ist kein ganz einfacher Begriff. Lange widerstrebte es mir genauso, mich so anreden zu lassen, wie geherrprofessort zu werden. Im Laufe der Jahre gewöhnte ich mich daran und lernte dabei nach und nach die vielen Schattierungen empfinden, die mit der sozialen Stellung eines *sensei* verbunden sind. Ein *sensei* ist kein Herr Professor. In der Universität sind alle *sensei*, die unterrichten. Es ist mehr die Rolle als der Status, die die Verwendung dieser Anredeform bestimmt. Ob einer fest angestellt ist oder nicht, alt oder jung ist, welcher Gehaltsgruppe er angehört, all das spielt keine Rolle, ein *sensei* ist einfach jemand, der anderen etwas beibringt. Was, ist egal. Der Schwimmlehrer ist genauso *sensei* wie der Philosoph, worauf es ankommt, ist, dass er Schüler hat, die ihm anvertraut sind und die ihm vertrauen. Dieses Vertrauen der Abhängigen ist eine Note, die in der Anrede *sensei* immer mitschwingt, die ich in der Anrede «Herr Professor» aber nicht vernehmen kann. Das ist ein bedeutender Unterschied. *Sensei* kann sogar zärtlich klingen, denn die Beziehung zwischen Lehrer und Schüler hat sehr intime Aspekte, die ein Gegengewicht zu der hierarchischen Natur dieser Beziehung bilden. Für das Wort ein Äquivalent zu finden ist nicht einfach, da so viel soziale Information in ihm sedimentiert ist. «Meister» haben manche Übersetzer vorgeschlagen, aber das ist außerhalb des Handwerks im Deutschen altfränkisch; oder eben «Lehrer», wovon man sich auf Deutsch nur kaum vorstellen kann, dass es ein Ehrentitel sein kann. In einem Roman von Natsume Soseki, der von der Beziehung eines Schülers zu seinem *sensei* handelt, den er durch alle Verstrickungen hindurch immer so nennt, ließ der Übersetzer das Wort aus Not einfach stehen.

Für die spezifische Verbindung von Autorität und Intimität, Distanz und Wohlwollen, die ein *sensei* verkörpert und die die Verwendung dieses Wortes als Anredeform erlaubt, konnte er kein geeignetes Gegenstück finden.

Ein *sensei* ist jeder Lehrende in einer Autoritätsposition, die Kindergärtnerin genauso wie der Hochschullehrer. Das stelle man sich einmal vor: Ein Herr Prof. Dr., der sich genauso anreden lässt wie eine Kindergärtnerin! Im Kindergarten ist sogar die Köchin für die Kinder eine *sensei*. Man braucht nicht unbedingt in der Rolle eines Lernenden zu sein, um die fragliche Person als *sensei* anzureden. Selbstverständlich redete ich die Kindergärtnerinnen als *sensei* an, wenn ich in den Kindergarten kam, während sie mich, dessen Beruf ihnen bekannt war, mit meinem Familiennamen ansprachen. Ich war nicht ihr *sensei*, sie aber waren die *sensei* meiner Kinder. Dem Nachnamen wird bei der Anrede ein *-san* angehängt, das ebenso wie *sensei* geschlechtsneutral ist, «Herr» oder «Frau». Auch *sensei* kann dem Namen angehängt werden. Eine solche Form, Saito-*sensei* zum Beispiel, wähle ich, wenn ich eine Kindergärtnerin außerhalb des Kindergartens treffe und anspreche. (Meiner Tochter) Lehrerin Saito ist dann die Nuance. Ich mache damit gleichzeitig deutlich, was sie ist und in welcher Beziehung ich zu ihr stehe.

Schüler sprechen ihre Lehrer (ob Kindergärtnerinnen oder Professoren) dagegen gewöhnlich nur als *sen-*

*sei* an und gebrauchen den Namen plus *sensei*, wenn sie über sie sprechen. *Sensei* allein klingt viel vertrauter, obwohl es ein Titel ist, der eine hierarchische soziale Beziehung anzeigt. So groß die Vertrautheit auch werden mag, in aller Regel bleibt man ein beziehungsweise eine *sensei* ein für alle Mal. Ich kannte eine Studentin, auf die ein Kollege ein Auge warf, um sie schließlich zu ehelichen. So etwas kommt ja vor. Sie hat, soweit ich die Beziehung verfolgt habe, nie aufgehört, ihn *sensei* zu nennen. Vielleicht nicht unbedingt alltäglich, aber möglich, ohne allzu sehr aufzufallen. Auch Studenten, die ich sehr gut kennen lernte, die von Anfang bis Ende ihres Studiums in meinen Unterricht kamen und bei mir Examen machten, blieben immer bei *sensei*, und sie werden mich, das weiß ich jetzt schon, bis ans Ende meines Lebens so anreden. Alle Studenten meiner Universität nennen mich *sensei*, die mir nahe stehen ebenso wie solche, die mich nur vom Sehen kennen. Denjenigen aber, die sich als meine Studenten betrachten, kann ich zeigen, dass ich das akzeptiere, indem ich sie statt mit Nachnamen mit ihrem Vornamen anrede, wobei bei Schülern *-kun*, bei Schülerinnen *-san* angefügt wird. Der Übergang von der einen zu der anderen Form wird nicht angekündigt. Man weiß, wann atmosphärisch der richtige Zeitpunkt gekommen ist. Der Übergang ist auch nicht unumkehrbar. Man kann den Vornamen eines Studenten vor anderen Lehrern benutzen, um zu zeigen, dass man für ihn besondere Verantwortung empfindet, und bei anderer Gelegenheit wieder seinen Nachnamen benutzen, wenn man nicht betonen will, dass man ihn besser kennt. Für die Feinabstimmung sozialer Beziehungen steht hier ein sehr flexibles Instrumentarium zur Verfügung. Vertrautheit schließt die Wahrung der Form in keinem Fall aus.

*Sensei* ist also in erster Linie ein Lehrer, und für einen solchen ist es die einzig richtige Anrede. Auf andere Menschen, die einen gewissen Bildungsgrad oder eine bestimmte soziale Stellung haben, überträgt man sie, womit man gleichzeitig sagt, dass man den Lehrer hoch achtet. Im ernsthaften Gebrauch zeugt *sensei* von der traditionellen Hochschätzung des Lernens und derer, die einen dabei anleiten. Die Schule dient als Metapher für die bessere Gesellschaft. Ärzten wird darin ebenso ein Platz eingeräumt wie Rechtsanwälten, denn sie sind studierte Leute und wissen viel vom Leben, *sensei* kurz gesagt, die uns Ratschläge erteilen können. Auch Schriftsteller sind *sensei*, denn sie betätigen sich in einem Medium, das traditionell mit Gelehrsamkeit in Verbindung gebracht wird. Von der schönen Literatur wird erwartet, dass sie uns belehrt.

Eine Schule der Nation ist schließlich das Parlament, wo es von *sensei* nur so wimmelt. Abgeordnete werden von ihrer Umgebung so angeredet und, was etwas misslich ist, von jüngeren Abgeordneten – ein Stück japanischer Demokratiekultur. Misslich ist das deshalb, weil das Parlament ja der Ort ist, wo, wenn überhaupt irgendwo in einer demokratisch verfassten Gesellschaft, Demokratie praktiziert werden soll, und das setzt nun einmal die Gleichheit der Beteiligten voraus. Das Verhältnis zwischen einem *sensei* und denen, die ihn oder sie so nennen, kann, wie wir gesehen haben, alle Nuancen von äußerster Distanziertheit bis zu intimster Nähe beinhalten, aber es ist niemals ein Verhältnis zwischen

Gleichen. Der tatsächliche oder imaginäre Wissensvorsprung des *sensei*, der im Extremfall in nichts anderem bestehen kann als in seinem höheren Alter, wird anerkannt und erhebt ihn über die anderen. Dass sich das mit dem egalitären Grundgedanken einer demokratischen Volksvertretung nicht verträgt, ist deren Mitgliedern natürlich nicht entgangen. Schon in den fünfziger Jahren beschloss man deshalb, dass sich in den Sitzungen des Parlaments alle Abgeordneten beim Nachnamen plus *-kun*, der formlosen Anrede, nennen sollten. Diese Regelung hatte den kleinen Schönheitsfehler, dass *-kun* im normalen Sprachgebrauch nur für Knaben und Männer benutzt wird. In der Männerwelt der Politik war das kein großes Problem, jedenfalls nicht für sie. Dass Frauen das etwas anders sahen, wurde deutlich, als die Sozialistin Doi Takako 1992 Parlamentspräsidentin wurde. Mit ihrer ersten Amtshandlung schaffte sie die *-kun*-Vorschrift wieder ab. Unterdessen fuhr man in den Fraktionen und auf den Wandelgängen des Parlaments fort, die vorgeborenen Abgeordneten als *sensei* zu bezeichnen, und in ihren Wahlkreisen figurierten auch die Jüngeren als solche. Alte Gewohnheiten sind nicht leicht auszumerzen.

All diese Facetten lassen *sensei* doch einen recht sympathischen Titel sein, den ich mir ohne allzu viel Widerwillen gefallen lassen kann. Anders als «Herr Professor» definiert er weniger Status als Rolle, weniger einen Anspruch als ein Verhältnis, weniger Dünkel als Verantwortung. Dieses Verhältnis besteht darin, dass man einen anderen in diese Stellung erhebt, nicht sich selbst. Niemand käme auf die Idee, sich selbst als *sensei* zu bezeichnen, seinen Namen mit diesem Epitheton unter einen Brief, ins Telefonbuch oder gar an die Haustür zu schreiben (damit die Zeugen Jehovas wissen, jetzt klingeln wir bei Coulmas-*sensei*). In meiner Universität in Tokyo standen an den Zimmern aller Kollegen der Fakultät nur ihre Namen. Alle waren sie *sensei*. Prof. sind an den Türen deutscher Hochschulen aber nur die wenigen, die die obersten Sprossen der steilen Leiter erklommen haben und Anspruch auf einen Teppichboden der Qualitätsstufe CX in ihrem Zimmer haben. Natürlich, denn schließlich ist Professor ja im Unterschied zu Makler und Detektiv ein geschützter Titel. Zum Glück ist durch Paragraphen alles gut geregelt. Die akademische Gemeinschaft gibt sich in Deutschland dadurch freilich weniger als eine Gemeinschaft von Gleichen als etwa in Japan. Als ich meinen Standort aus der einen in die andere verlegte, empfand ich das sehr stark.

Am meisten kriegt man das egalisierende Potenzial von *sensei*, das ihn so sehr vom Herrn Prof. Dr. unterscheidet, in einem Milieu zu spüren, das bisher nicht zur Sprache kam, in der Bar. Dort macht jeder (männliche) Kunde eine geheimnisvolle Metamorphose durch und wird unversehens zum *sensei*. Auch der geplagte kleine Angestellte darf sich nach einem anstrengenden Tag einmal als Respektsperson fühlen, umsorgt von umsichtigen Damen, die zu ihm aufschauen, wenn sie ihm Whiskey einschenken und auch noch seiner Seele schmeicheln: *Sensei*, säuseln sie mit süßer Stimme, bereit, seine Wünsche zu erfüllen. Herr Prof. Dr. taugt dazu kaum.

## SACHLICH RICHTIG

Eine Universität ist keine Bar, wer wollte das leugnen! Es gibt durchaus Unterschiede zwischen einer japanischen Bar und einer japanischen Universität, auch wenn man in beiden die Chance hat, auf die gleiche Weise angeredet zu werden. Noch viel größer sind freilich die Unterschiede zwischen einer japanischen Bar und einer deutschen Universität. In der Bar gibt es eine Bardame, die die Stammkunden umsorgt und von ihnen deshalb als *Mama-san* angeredet wird. In der deutschen Universität hingegen gibt es ein Vorzimmer, in dem man, wenn man Glück hat, umsorgt wird. Die größte Bereicherung, die mein Leben durch den Wechsel von Japan nach Deutschland erfahren hat, ist eine Sekretärin. Von ihr war schon die Rede. Auf die Person kommt es allerdings dabei weniger an als auf die Tatsache ihrer Existenz, die vom Dienstherrn gebilligt wird und für deren physischen Aufenthalt gesorgt ist, eine Planstelle und ein Planschreibtisch. Ich habe, sollte ich deshalb vielleicht besser sagen, ein Vorzimmer, dessen Quadratmeter ich der Domäne meiner Macht zurechnen darf. Mein Reich in Japan bestand nur aus einem einzigen Zimmer mit einer einzigen Tür, durch die ich und alle anderen Besucher es betraten. Nach draußen führten außer der Tür noch eine Fensterwand und einige Drähte, durch die ich von meinem Schreibtisch aus mit der Welt in Verbindung zu treten gewohnt war. Die Schönheiten eines Vorzimmers waren mir daher neu. Sie eröffneten sich mir erst nach und nach. Was sollte mir ein Vorzimmer nützen?

Das Kontor meines Großvaters, entsann ich mich, betrat man, nachdem man mittels eines Paternosters das oberste Stockwerk erreicht hatte, durch ein Vorzimmer, in dem zwei Schreibtische standen, an denen, wie mir, damals sechsjährig, erklärt wurde, die Korrespondenz des Großvaters erledigt wurde. Vielleicht war ein Vorzimmer dafür geeignet. Es kam auf einen Versuch an, bei dem sich freilich sehr schnell herausstellte, dass dieses Verfahren – erst diktieren oder mit der Hand vorschreiben, dann im Vorzimmer abschreiben lassen, dann korrigieren, dann die Korrekturen in eine neue Version umsetzen lassen, dann unterschreiben – weit mehr Zeit kostete als sparte. Auch der Lustgewinn, der daraus zu ziehen war, eine Unterschriftenmappe mit der richtigen Anzahl von Kopien vorgelegt zu kriegen, erwies sich als gering, ja vernachlässigbar. Dabei kann ich gar nicht klagen. Einer meiner Kollegen muss sich immer sehr zusammennehmen, um keinen Weinkrampf zu kriegen, wenn das Gespräch auf Vorzimmer kommt. Seine Vorzimmerdame zerschmiss ihm am ersten Arbeitstag ein Tablett mit Geschirr, wohl um anzudeuten, mutmaßt er, dass Tabletts mit Geschirr zu transportieren nicht zu den Tätigkeiten gehörte, zu denen sie sich qualifiziert fühlte. Um das Arbeitsklima nicht gleich mit Streit zu belasten, bat er die Vorzimmerdame, auf das Telefon aufzupassen und zwischen ihren Kaffeepausen den einen oder anderen Anruf für ihn zu machen, was er für zumutbar hielt.

«Na hören Sie mal!», empörte sie sich da. «Wofür halten Sie mich?! Sie können doch nicht von mir erwarten, dass ich fremde Männer anrufe.»

Wenn man an die Tatsache denkt, dass der Tag, wie man es auch dreht und wendet, nur vierundzwanzig Stunden hat, muss man zu dem Schluss kommen, dass individuelle Briefe, Artikel und so weiter schreiben zu lassen eine zweischneidige Angelegenheit ist. Unbezweifelbar ist zwar der Wert der Arbeitsbeschaffung für das Vorzimmer, dessen Existenz man auf diese Weise rechtfertigen hilft, aber der Nutzen für die Effizienz der eigenen Arbeit ist weniger deutlich. Vielleicht ist aber das gerade der tiefere Sinn des Vorzimmers, den einem nur die alte Lehrmeisterin Erfahrung oder Viviane Forrester enthüllt. An Nutzen und Effizienz soll man nicht immer denken, soll sich dem *horreur économique* nicht so ohne weiteres beugen, gerade heute, im Zeitalter der Globalisierung nicht. Es gibt ja auch noch andere Werte, von denen sich gerade die Universität nicht abwenden sollte. Steht Arbeitsbeschaffung für Vorzimmer nicht in der besten Tradition humanistischer Ideale? Möglich, aber das schmeckt auch ein bisschen nach DDR.

Eigentlich kann ich gar nichts über die DDR sagen. Nach allem, was man hört, war sie kein Paradies, und nichts hat mich je dorthin gezogen. Für meinen Geschmack waren sechzig Millionen BRDler genug. Warum sollte es daneben nicht Österreicher und DDRler geben? Aber das lässt sich nun kaum rückgängig machen. Plötzlich – plötzlich jedenfalls für einen, der den Vereinigungsprozess nicht miterlebt hat – ist die DDR ein Stück der BRD. In den Medien ist noch immer viel davon die Rede, was den DDRlern nicht alles an Anpassungsleistungen abverlangt wird. Dabei gibt es genug Umgebungen, wo die Anpassung in die umgekehrte Richtung gelaufen zu sein scheint. Die Universität, zum Beispiel. Die Vorzimmer sind nur ein Aspekt, und gar nicht mal der schlimmste. Wesentlich bedenklicher ist die nicht zu übersehende Armut. Ja, Armut. Mit einem Besuch in einer x-beliebigen amerikanischen und ebenso in einer japanischen Universität kann man sich davon auf einen Blick überzeugen. Anfang der achtziger Jahre war der Kontrast noch lange nicht so krass. Man konnte noch glauben, sich in vergleichbaren Institutionen aufzuhalten, wenn man an amerikanischen oder japanischen Universitäten zu Gast war. Wenn man in den Ostblock fuhr, sah man die Armut. Jetzt ist die Armut in (west-)deutschen Universitäten angelangt.

Im Flur vor besagtem Vorzimmer steht eine rührende Kopiermaschine, an der sich ein ganzes Universitätsinstitut abarbeiten darf. Es ist zwar beherzigenswert, dass Lesen nützlicher ist als Kopieren, insbesondere für Studenten, aber nichtsdestominder ist die fotomechanische Vervielfältigung aus dem Studierbetrieb schon lange nicht mehr wegzudenken. Wenn die ächzende Maschine einmal Kopien ohne Streifen produziert, ist das ein Grund zum Frohlocken. Wenn sie den Dienst versagt, kann es Tage dauern, bis die Wartung kommt, um sie wiederherzustellen. Neben den vier oder fünf Kopiermaschinen, die in meiner Fakultät in Tokyo im Einsatz und immer einsatzbereit waren, nimmt sich die Schatztruhe auf dem Flur vor dem Vorzimmer aus wie ein Trabant neben einem Honda. Um ihre Cousine, die Faxmaschine, ist es nicht besser bestellt. Die, deren Alltag das seit langem ist, merken nicht, was sich hier abgespielt hat: Nivellierung nach unten, auf DDR-Niveau. Und da fängt die Minderbemitteltheit der deutschen Universität erst an.

Bleiben wir beim Materiellen. An meiner Fakultät in Tokyo studieren 1200 Studenten. Es ist keine technische oder naturwissenschaftliche Fakultät, sondern eine Fakultät für politische Wissenschaften an einer durchschnittlichen Universität, nicht besonders reich, nicht besonders arm. Den Studenten stehen 400 PCs zur Verfügung, einer für 3 Studenten. Die deutsche Universität, an der ich jetzt arbeite, hat 15 000 Studenten. Nach Auskunft ihres Rechenzentrums verfügt sie über einen Maschinenpark von «ungefähr 300 (dreihundert)» PCs, einen für 50 Studenten. Hundert weitere könnten aufgestellt werden, wenn es denn Platz dafür gäbe, sagt mir im Gespräch der Herr vom Rechenzentrum. Ich empfehle ihm, über mein Vorzimmer nachzudenken, was er in Erwägung zu ziehen verspricht. Dass meine ehemalige Universität siebzehnmal so viele Computer hat wie meine jetzige, ist nur eine von vielen Variablen, die man berücksichtigen muss, um verschiedene Universitäten und verschiedene Universitätssyteme vergleichen zu können. Sie ist jedoch bezeichnend dafür, wie dramatisch der Abstand zwischen deutschen und japanischen Universitäten geworden ist, von amerikanischen zu schweigen. Inzwischen, höre ich schon den Einwand, haben ja sowieso alle Studenten ihren eigenen PC zu Hause. Wozu braucht dann die Universität so viele?! Die japanischen Studenten stehen in dieser Hinsicht ihren deutschen Kommilitonen sicher nicht nach, auch sie haben zu Hause ihre Computer, aber in der Universität werden sie viel gründlicher darin unterwiesen, was man mit Computern alles machen kann. Die Dichte der Computer pro Kopf ist für die Bildungslandschaft ebenso bedeutungsvoll wie das Pro-Kopf-Einkommen für die Volkswirtschaft. Nicht alles ist damit gesagt, aber vieles. Freilich habe ich dafür ein Vorzimmer.

Eine bessere Verwendung für das Vorzimmer, als dort drei oder vier PC-Arbeitsplätze für Studenten einzurichten, kann ich mir nicht vorstellen, aber das wäre nicht sachlich richtig, und damit ist ja wohl alles gesagt. Wenn alles sachlich richtig ist, habe ich inzwischen herausgefunden, ist alles gut. Ob aber etwas sachlich richtig ist, das kann beileibe nicht jeder ermitteln. Ein Vorzimmer zum Beispiel kann das nicht. Ich brauche Aktenordner, bin ich doch in der Papier verarbeitenden Industrie tätig. Da kommt so einiges zusammen, was abgeheftet werden will. Also verlange ich vom Vorzimmer Aktenordner. Statt der Aktenordner bringt sie mir nach einem Weilchen ein Stück Papier, dessen Bestimmung es ist, in einem anderen Zimmer oder Vorzimmer in einen Aktenordner zu wandern. Auf dem Weg dorthin hat es einige Hürden zu überwinden. Die erste – ob auch größte, vermag ich nicht zu beurteilen – ist mein Schreibtisch, denn bei dem Papier handelt es sich um einen Beschaffungsantrag, der zwar im Vorzimmer ausgefüllt, aber nicht direkt von dort weitergeleitet werden darf. Deshalb kommt er in der Unterschriftenmappe auf meinen Schreibtisch. Allen Mut zusammennehmen: Unterschrift, und ab in die Hauspost. Schon zehn Tage später kommen die angeforderten Aktenordner. Wahrhaftig, es funktioniert. Mit der Lieferung kommen Lieferschein und Rechnung. Beide wollen von mir mit meiner Unterschrift versehen werden, wobei die nicht nur der Zierde dient, sondern der Zertifizierung der sachlichen Richtigkeit. Den entsprechenden Stempel darf das Vorzimmer erst aufs Stempelkissen und dann auf Rechnung und Lieferschein drücken, aber ohne meine Unterschrift ist der Abdruck wertlos, kann keine Rechnung für Aktenordner bezahlt, kein Lieferschein von Aktenordnern abgeheftet werden. Ein überzeugender Beweis für das produktive Zusammenwirken von Vorzimmer und Zimmer. Das eine ist ohne das andere nichts, schon weil ich ohne Vorzimmer weder wüsste, wo der Sachlich-richtig-Stempel ist, noch wo er hinzusetzen ist.

Wer glaubt, das sei eine Karikatur, weiß nichts von sachlich richtig und ebenso wenig von der deutschen Universität. Wahrscheinlich gibt es Menschen, die sachlich nicht richtig Aktenordner anfordern und mit ihnen dann einen Handel aufmachen, statt sie mit den Papieren zu füttern, für die sie und die für sie gedacht sind. Das ist eine Frage der Moral. Solche Spitzbuben müssen bestraft werden, und da ja verhindern besser ist als bestrafen und den Schaden wieder gutmachen, lässt man sie sachlich richtig unterschreiben, um sie abzuschrecken und belangen zu können, falls sie sich nicht abschrecken lassen und mit den Aktenordnern doch einen Handel aufmachen. Die Frage ist nur, ob es sinnvoll ist, ganze Bürotürme von Vorzimmern zu unterhalten, die Sachlich-richtig-Stempel verwalten, um den Aktenordnerveruntreuern unter den Hochschulangehörigen und anderen auf die schiefe Bahn Geratenen ihre Moral wieder sachlich richtig zu rücken. In Tokyo ging ich in den Magazinraum, wenn ich einen Aktenordner oder einen Radiergummi brauchte, und nahm ihn mir. Dieser Raum war frei zugänglich. Die Leute von der Verwaltung kümmerten sich darum, dass immer genug Aktenordner und Radiergummis da waren. Wer veruntreut schon Aktenordner! Der gelegentliche Aktenordnerfetischist ist Teil des unumgänglichen Reibungsverlusts einer größeren Korporation. Er ist sehr viel leichter zu verkraften als die Belastung der großen Mehrheit derer, die Aktenordner so benutzen, wie sie benutzt werden sollen, mit unsinnigen Verwaltungsvorschriften.

Im Schnitt braucht man jeden Monat soundso viele Aktenordner. Die werden gekauft. Fertig. Wenn das nicht funktioniert, hat das ganze System schwere Mängel. Je verknöcherter die Strukturen sind, desto schwieriger ist es, diese Mängel zu beheben. Die Stempelverwalter verteidigen begreiflicherweise ihre Existenz, und sie zu ignorieren ist schwierig, weil man dann gar keine Aktenordner kriegt. Könnten japanische Verfahren Anregungen geben? Dass man in Japan keine Stempel liebt, wäre ein gravierendes Missverständnis. Das Stempeln ist eine nationale Passion, und Stempelverwalter gibt es in großer Zahl. Ich denke an Frau Matsumoto. Sie hatte die verantwortungsvolle Aufgabe, die Forschungsetats der *sensei* zu verwalten. Jeder Hochschullehrer verfügt darüber in eigener Verantwortung. Ob er ein Mikroskop anschafft, Hegels gesammelte Werke oder Mickymaus-Hefte, bleibt ihm überlassen, denn erforschen kann man alles. Bar auf die Hand kriegen die *sensei* ihren Etat aber natürlich nicht. Für jedes Objekt, das angeschafft wird,

Geräte oder Bücher zumeist, gibt es eine Abrechnung mit sachlich richtig und so weiter und ein Aufklebesiegel, auf dem der Name der Universität steht. Objekte, auf denen das Siegel klebt, gehören der Universität, obwohl sie nur einen Benutzer haben. Viele Bücher mit solchen Siegeln stehen jetzt im Bücherbord am Niederrhein. Sie nicht zu veruntreuen war nicht ganz einfach, da das Siegel ja genau dazu dienen soll, das zu verhindern, vordergründig jedenfalls. Dieses Problem stellt sich regelmäßig, wenn ein *sensei* pensioniert oder abgeworben wird. Es gibt eine Bestimmung, erfuhr ich, als ich den Inhalt des vorzimmerlosen Arbeitszimmers zum Abtransport für den Umzug inspizieren ließ, nach der Gegenstände mit dem Siegel den Campus nicht verlassen dürfen. Ein paar hundert Bücher waren solche Gegenstände, die allerdings zum Teil schon bei mir zu Hause wohnten, womit ich genau genommen schon gegen die Bestimmung verstoßen hatte. Ein erhebliches Problem, da ich der Universität, die mich über ein Dutzend Jahre gut behandelt hatte, nicht als Bücherdieb den Rücken kehren wollte. Die Bücher wollte ich aber auch, da ich sie für meine Arbeit brauche. Ich trug das Problem Frau Matsumoto vor, die mich über die besagte Bestimmung und den Ernst der Lage belehrte, mir Papiere zum Ausfüllen mitgab, aber dann auch versicherte, sie wolle über das Problem nachdenken. Später kam sie zum Ortstermin in mein Zimmer, um die Bücher zu besichtigen. Ich sollte für jedes Buch einen Antrag bei der Zentralbibliothek stellen. Wenn die das Buch nicht haben wollte, könnte ich es behalten. Eine andere Lösung war noch nicht in Sicht. Ich hatte aber immer ein gutes Verhältnis zu Frau Matsumoto und vertraute darauf, dass sie irgendwie doch eine solche finden würde. Tage vergingen. Sie kam zu einem neuen Ortstermin und brachte die Lösung mit. Ein Stempel, auf dem stand *massho*, ‹getilgt›. Wenn ich ihn auf die Siegel setzte, sei alles gut, sagte sie mir mit völlig ernstem Gesicht. Kein Flimmern in ihren Augen verriet, dass sie dieses Verfahren so amüsant finden konnte wie ich, aber wir waren beide zufrieden.

In Japan gibt es immer zwei Ebenen, auf denen man miteinander umgeht. Kulturanthropologen haben darüber viel geschrieben und den Tiefsinn entdeckt, der diesem Verhalten ihrer Meinung nach zugrunde liegt. Die Japaner selber sprechen gern von *tatemae* und *honne*. *Tatemae* ist die Fassade, *honne* die Substanz, die wahre Absicht, die sich dahinter verbirgt. Sachlich richtig, das Aufklebesiegel für die Bücher und dergleichen, ist immer *tatemae*. *Honne* ist, dass ich sie bestellte, sie für mich angeschafft wurden und ich sie natürlich behalten darf. Die Eleganz ist, dass man für beides einen Stempel hat, unmerklich zwischen *tatemae* und *honne* hin und her wechselt, ohne das explizit zu machen. Es ist auch nicht so, dass *honne*, «die wahre Absicht», wie wir etwas unzulänglich sagen, das eigentlich Wichtige ist. Die Fassade zu pflegen ist nicht weniger wichtig. Ein großer Teil des Lebens spielt sich auf der Fassade ab, und bei den meisten Menschen hat man wenig Grund, hinter die Fassade blicken zu wollen. Wenn die Verkäuferin beim Bäcker eine schöne weiße Schürze umhat, mich anlächelt und darum bittet, das Geschäft bald wieder zu beehren, reicht mir das völlig. Angenehm ist mir auch, dass ich mich darauf verlassen kann, dass das immer so ist und nicht nur, wenn die Sonne scheint und ihr

Freund nett zu ihr war. Was in ihrem Herzen vorgeht, brauche ich nicht zu wissen.

Das sprichwörtliche Lächeln in Japan sei aufgesetzt, nicht echt, künstlich, wird gelegentlich angemerkt, und zwar mit einem kritischen Unterton. Selbst wenn es so wäre, ist jedoch das aufgesetzte Lächeln wesentlich angenehmer als die von Herzen kommende und bis auf die Fassade durchdringende Übellaunigkeit, die öffentlich zur Schau zu tragen man in nordrhein-westfälischen Dienstleistungsbetrieben für verzeihlich hält. Die Unterscheidung von *honne* und *tatemae* erlaubt viel Flexibilität im Verhalten, die freilich oft missverstanden wird. Bei den Japanern wisse man nie, was man von ihnen halten soll, ist eine Kritik, die man oft von Europäern und Amerikanern hört, die etwa in Verhandlungen mit Japanern umgehen. Tatsächlich aber gibt einem die Zwei-Ebenen-Dynamik viel Elastizität. Unverrückbare Positionen brauchen nicht unverrückbar zu sein, können es aber sein, je nachdem, ob man sich an *tatemae* hält oder an *honne*. Das ganze Denken wird dadurch weniger legalistisch und mehr pragmatisch auf die Anforderungen der Situation bezogen. Weder Frau Matsumoto noch ich hatten Zweifel daran, dass ich die Bücher behalten sollte, aber Frau Matsumotos *tatemae* galt es dabei zu respektieren. All die Aufklebesiegel, die sie mir über die Jahre ausgehändigt hatte, nie eins zu viel oder eins zu wenig, konnten nicht nutzlos sein. Wie wichtig sie waren, wurde durch ihre Annullierung nur noch einmal bestätigt. Es bedurfte noch eines Stempels.

Das ist etwas anderes als sachlich richtig. «Sachlich richtig» ist ein Stück deutscher Kultur, *honne* und *tatemae* ein Stück japanischer Kultur. Über sachlich richtig kann man sich schwerlich mit einem anderen Stempel hinwegsetzen. Die Überbürokratisierung, die sich in den Beschaffungsformularen für Aktenordner manifestiert und in dem Bestreben seinen Ursprung hat, Missbrauch zu verhindern, ist zu einer Sklerose des ganzen Systems geworden, in dem der Staat eine viel zu große Rolle spielt. Es fehlt die Flexibilität, unbrauchbare und überflüssig gewordene Vorschriften außer Kraft zu setzen oder über Bord zu werfen.

> Professorinnen und Professoren (auch mit ausländischer Staatsangehörigkeit) müssen anläßlich der Übernahme in ein Beamtenverhältnis zum Land Nordrhein-Westfalen gemäß § 6 Abs. 1 Nr. 2 des Landesbeamtengesetzes eine Erklärung über ihre Verfassungstreue abgeben und gemäß § 61 des Landesbeamtengesetzes folgenden Diensteid leisten:
>
> «Ich schwöre, daß ich das mir übertragene Amt nach bestem Wissen und Können verwalten, Verfassung und Gesetz verfolgen und verteidigen, meine Pflichten gewissenhaft erfüllen und Gerechtigkeit gegen jedermann üben werde. So wahr mir Gott helfe.»

Verwalten steht da an erster Stelle. Deutschland! In den Hinweisen für das Berufungsverfahren der Ministerin für Schule und Weiterbildung, Wissenschaft und Forschung des Landes Nordrhein-Westfalen steht dann noch, man könne das Ganze auch versuchen, ohne sich von Gott helfen zu lassen. Dass das schwer werden dürfte, leuchtet freilich unmittelbar ein. Wie soll man etwa gegen jedermann Gerechtigkeit üben, wenn man nicht der liebe Gott ist oder von ihm unterstützt wird? Allerdings wird man auch von den Ministerialen mit seinem Amtseid nicht allein gelassen, sondern erhält noch ausführliche Belehrungen dazu. Werden sie mit oder ohne Gottes Hilfe viel dazu beitragen, dass ich den Studenten, die jetzt Studierende genannt werden, obwohl die Dozenten noch immer Dozenten sind, etwas über Japan beibringen kann, was meines Amtes sein soll? Das Grundgesetz ist ja ein feines Gesetz, gegen das man kaum etwas haben kann, aber was nützt es, Leute darauf zu vereidigen? Alle wissen, woher dieser seltsame Ritus kommt. Niemand behauptet, dass durch seine Einführung damals im Kalten Krieg und in der Folge von 1968 irgendetwas Positives bewirkt wurde, aber im Krieg entstehen ja die seltsamsten Bräuche. Jetzt ist der ganze Spuk noch ein Stück Papier, das man mit sich herumschleppt und das wie jedes andere unnütze Stück Papier den Betrieb schwerfälliger macht. Und nicht nur das. Der, der den Diensteid leistet, muss ihn jemandem leisten, dem Rektor nämlich. Der ist in der Zwickmühle. Entweder er macht auf Kameraderie und gibt zu verstehen, dass er die ganze Prozedur für töricht hält – was sein muss, muss sein –, oder er macht ein ernstes Gesicht und zeigt, dass er töricht ist. Rituale soll man nicht unterschätzen. Sie wirken auf das Klima.

Als ich an meiner Universität in Tokyo zum Professor ernannt wurde, bat der Rektor mich zu sich, gab mir eine Urkunde und seine Hand und sagte, er freue sich, dass ich meine Dienste seiner Universität zur Verfügung stellen wolle. Dann unterhielten wir uns ein bisschen über sein Fach, chinesische Philosophie. Und er erzählte mir, dass sein Vater ein Sumo-Ringer war, weswegen er Schirmherr des Sumo-Clubs der Universität sei. Ermutigend, wie weit es der Sohn eines Ringkämpfers bringen kann, könnte man denken, oder sehr aufschlussreich im Hinblick auf die soziale Stellung der Sumo-Ringer. Wie dem auch sei, von Kaisertreue oder Eintreten für die japanische Verfassung «(auch mit ausländischer Staatsangehörigkeit)» war nicht die Rede, auch nicht von Verwalten. Eine Erklärung des Inhalts, dass ich mir bewusst bin, dass «arglistige Täuschung zur Zurücknahme der Ernennung/Anfechtung des Arbeitsvertrages führt», brauchte ich anders als in Deutschland nicht zu unterschreiben, obwohl es vermutlich auch in Japan Menschen (auch mit ausländischer Staatsangehörigkeit) gibt, die zu arglistigen Täuschungen bereit sind. In Deutschland versucht man, die Moral aufs Papier zu bannen. Dass das wirkungslos ist und dadurch, wenn man es sich recht überlegt, scharenweise Menschen beleidigt werden, denen arglistige Täuschungen nie in den Sinn kämen, spielt dabei keine Rolle. Was für ein Klima wird dadurch geschaffen, dass jedem neuen Mitglied einer Korporation zu allererst deutlich gemacht wird, dass man ihm misstraut, und gleichzeitig Sanktionen für arglistige Täuschungen angedroht werden! Haben da so altmodische Kategorien wie gegenseitiges Vertrauen und Loyalität überhaupt noch einen Platz? Macht man sich nicht lächerlich, wenn man so tut, als träte man einer Gemeinschaft derer bei, denen es um Erkenntnis geht, und nicht einer solchen von Verwaltern?

Mit den mehrseitigen Belehrungen zum Grundgesetz und der von mir abzugebenden Treueerklärung war es noch nicht genug. Belehrt wurde ich überdies, um dem Geist der Zeit gerecht zu werden, in einem offiziellen Schreiben nach Erlass des Ministeriums ZA 5-42 00.268.70 über das Führen schwarzer Konten. Solche zu unterhalten verstößt nämlich gegen Artikel 81 Abs. 1 der Landesverfassung und gegen §§ 70, 71 LHO und stellt ein Dienstvergehen dar. Bei allem Respekt, den man vor Sitten und Bräuchen, die man nicht versteht, haben soll, muss man doch fragen, ob da, wo es um Einstellungen und Haltungen, um Beziehungen zwischen Menschen, um Grundlagen des Umgangs miteinander geht, die Belehrung mit Paragraphen irgendetwas ausrichten kann.

Offenbar gibt es Gründe dafür, Menschen in der Universität Sachlich-richtig-Stempel schwingen, Amtseide ablegen und Belehrungen zum Beispiel über schwarze Konten lesen zu lassen. Die Universität hat ihre Funktion als geistige Leitwarte, von der wichtige Impulse für die gesellschaftliche Entwicklung ausgehen, verloren. 1968 und in der Folge waren davon noch Spuren übrig. Inzwischen und insbesondere seit Ende des Kalten Krieges ist sie zu einer Kreuzung aus Discount Shop und Behörde herabgesunken, zu einer Fabrik, wo der Pförtner aufpassen muss, dass niemand Ersatzteile stiehlt. Das ist bedauerlich, aber zum Glück haben wir weitsichtige Bildungspolitiker, die die Lage zweifellos in Griff kriegen werden. Schon hat die Ministerin für Schule und Weiterbildung, Wissenschaft und Forschung das richtige Rezept gefunden: die Stechuhr. «Mit der Lehrverpflichtungsverordnung wird eine rechtlich abgesicherte und parlamentarisch legitimierte Festlegung der

Lehrverpflichtung an den Universitäten und Fachhochschulen des Landes Nordrhein-Westfalen geschaffen.» So sagt sie. Anwesenheitspflicht für Hochschullehrer heißt das. Wenn sie statt zu arbeiten lieber auf dem Computer Patiencen legen, sollen sie das künftig gefälligst in ihrem Zimmer in der Universität tun. Im Schnitt gibt es nach jüngsten Ermittlungen der Bildungsforscher unter deutschen Hochschullehrern etwas mehr gewohnheitsmäßige Patiencenleger als unter japanischen. Der Unterschied wird freilich fast auf die dritte Stelle hinterm Komma dadurch ausgeglichen, dass mehr japanische Hochschullehrer dem schönen Go-Spiel verbunden sind, dem man ebenso trefflich wie dem Patiencelegen auf dem Bildschirm nachgehen kann.

Ein bedeutenderer kultureller Unterschied ist, dass die japanischen Kollegen nicht dazu verpflichtet werden, sich ihrer Leidenschaft in ihrem vorzimmerlosen Arbeitszimmer in der Universität hinzugeben. Wie schon mehrfach angedeutet, schätzt man in Japan Recht und Ordnung nicht weniger als hierzulande, aber was Amtseide betrifft und Belehrungen, Lehrverpflichtungsverordnungen, Rechtsklarheit und «rechtlich gesicherte Handlungsinstrumente, die Eingriffsmöglichkeiten im Bedarfsfall eröffnen» – so wieder die Ministerin –, da können die Japaner noch einiges von Deutschland lernen. Schon vor hundertzwanzig Jahren, als die ersten Universitäten in Tokyo, Kyoto und Sendai aufgebaut wurden, blickten die Japaner nach Deutschland. Um Eingriffsmöglichkeiten im Bedarfsfall zu eröffnen und den Patience- und Go-Spielern zu zeigen, wo es langgeht, wären sie gut beraten, sich wieder am deutschen Vorbild zu orientieren und der Moral endlich ein angemessenes Korsett aus Paragraphen zu verpassen. Wie engstirnig muss man eigentlich sein, um zu glauben, dass Freiheit Kreativität fördert und nicht nur zu Missbrauch verführt? Wenn es moralische Defizite gibt, und das kann ja wohl niemand bezweifeln, dann müssen Bestimmungen und Vorschriften her. Darauf vertraut man in Deutschland immer. Statt ihr Verhalten an unausgesprochenen, aber allgemein gültigen Maßstäben der Angemessenheit auszurichten, werden sie zusehends dazu gebracht, allein darauf zu achten, ob und wo der Stempel hingesetzt werden kann, sachlich richtig.

# EINE WOCHE VOLLER SAMSTAGE

Sie war umwerfend. An schönen Frauen gibt es in Tokyo keinen Mangel, aber sie zwang mich schon, mehr als einmal hinzuschauen. Aus ihren nach außen leicht angehobenen ovalen Augen blickte mir abgrundtiefe Güte entgegen, ja, ich wäre fast versucht zu sagen Barmherzigkeit, wenn das nicht so altmodisch klänge. Und ihr perfekt modellierter Mund schien nichts anderes als ein einnehmendes Lächeln zeigen zu können, ohne deshalb im Mindesten künstlich oder gar erstarrt zu wirken. Eine zwar nicht zur Schau gestellte, aber unverkennbar den Idealen des Goldenen Schnitts der Weiblichkeit äußerst nahe kommende Figur; zum Hinknien! Das blaue, etwas zu konventionelle Kostüm hätte zwar nicht sein müssen, aber die Schöne, wie man weiß, kleidet alles.

Alles in allem war Itami-san – ein Schild auf ihrer Brust verriet ihren Namen – ein Lichtstrahl an diesem verregneten Samstagspätnachmittag. Die trübe Neonumgebung, in der ich ihr durchnässt und vom Leben enttäuscht gegenüberstand, war ich schon fast bereit zu vergessen, als sie mich freundlich, aber doch mit einer gewissen Autorität in die raue Wirklichkeit zurückrief:

«Vierzehntausend Yen für den Abschlepper.» Rund zweihundertzwanzig Mark.

Entwaffnet zog ich meine Brieftasche hervor und blätterte die Scheine vor sie hin.

«Den Rest, fünfzehntausend Yen, können Sie später bezahlen», lächelte sie mir aufmunternd zu. Sie legte das Geld sorgsam weg und kam dann hinter der Theke hervor.

«Kommen Sie», sagte sie, deutete auf die Tür und ergriff beim Hinausgehen einen Regenschirm. Draußen in der Dunkelheit regnete es noch immer in Strömen. Den Schirm hielt sie über mich und geleitete mich hinters Haus.

Da stand er, mein Wagen, den ich wegen des Regens ein paar Stunden zuvor in Eile am Bahnhof ins Parkverbot gestellt hatte und dann bei meiner Rückkehr nicht mehr finden konnte. Noch immer an meiner Seite, hielt sie den Schirm über mich, bis ich eingestiegen war, winkte mich aus dem Parkplatz hinaus und verbeugte sich zum Abschied tief, bis ich um die Ecke gebogen war. Ich würde versuchen, das Erlebnis schnell zu vergessen und sie nie wieder zu sehen, beschloss ich.

Vierhundertfünfzig Mark für ein paar Stunden falsch Parken, da überlegt man sich schon, ob man sich das Vergnügen öfter leistet. Dass ich mich mit diesen Gedanken nicht gerade allein zu fühlen brauchte, war nur ein geringer Trost. Die Bevölkerung Tokyos ist so groß wie die Bayerns, die Fläche inklusive einiger dünn besiedelter Inseln aber weniger als ein Dreißigstel. Parken ist ein echtes Problem. Mit dem Auto kann man nicht einfach losfahren. Man muss vorher genau wissen, wo man parken kann. Auf neunzig Prozent aller

Straßen ist das Parken nicht erlaubt. Um ein Auto anzumelden, muss man nachweisen, dass man einen Parkplatz hat. So klein, wie Grundstücke und Häuser (durchschnittlich 63 m²) sind, bedeutet das für viele: entweder Wohnzimmer oder Stellplatz. Und doch haben so viele Tokyoter ein eigenes Auto, dass sie keinesfalls alle gleichzeitig auf Tokyos Straßen fahren können. Die Polizei muss das unter Kontrolle halten. Sie tut es, mit Gewinn. Damit die Einnahmen nicht zurückgehen, müssen die Beamten an allen Tagen der Woche, auch bei Wind und Wetter auf die Straße, um für Ordnung zu sorgen. Nicht alle Büßer haben das Glück im Unglück, ihre Quittung von Itami-san zu bekommen, die ich ja eigentlich schon vergessen haben wollte.

Am Niederrhein hatte ich ein ähnliches Erlebnis, ähnlich zumindest, wenn man die Darstellung auf die nackten Tatsachen beschränkt, von denen man allerdings spätestens seit der Morgendämmerung des Postmodernismus weiß, dass es sie nicht gibt. Aber oft genug sind ja die Kleider interessanter als das, was sie verhüllen. Bei dieser nackten Tatsache war das zweifellos so. Sie bestand darin, dass auch am Niederrhein eine kurze Missachtung der Regeln des Straßenverkehrs nicht unerkannt blieb und geahndet wurde. Die Ethnographie des Strafmandats muss auch noch geschrieben werden, ein echtes Desiderat, denn hinter den ins Auge springenden Kontrasten verblassen die Gemeinsamkeiten der beiden Erlebnisse fast zur Bedeutungslosigkeit. Sie als Erlebnisse ein und desselben Typs zu charakterisieren ist geradezu wagemutig.

Am Niederrhein war das Auto, als ich zurückkam,

genau da, wo ich es gelassen hatte. Erst etliche Tage später erfuhr ich aus einem Brief, was ich mir hatte zuschulden kommen lassen. Rechtsbelehrung, Zahlungsaufforderung und Überweisungsformular waren beigefügt. Alles sehr abstrakt, unpersönlich, lieblos, kann man ruhig sagen. Ich musste angestrengt nachdenken, um zu rekonstruieren, ob es überhaupt stimmte, was mir zur Last gelegt wurde, oder ob ich nicht ein Alibi hatte. Es stimmte. Ich hatte mir sogar genau angesehen, wo ich parkte. Selbst wenn ich ein Alibi gehabt hätte, erfuhr ich außerdem aus der Belehrung, konnte es gut sein, dass ich für Missetaten, die mit meinem Auto ein anderer begangen hatte, geradestehen beziehungsweise zahlen müsste: fünfzig Mark Verwarnungsgeld. Das war eine freudige Überraschung, ein Klacks für jeden, der Tokyoter Preise gewöhnt ist. Allerdings, you get what you pay for, wie der Amerikaner sagt. Wie wahr! Globalisierung auch hier, setzt sich dieses knallharte Prinzip doch überall durch, in Tokyo ebenso wie am Niederrhein. Freilich lässt gerade dieses Prinzip fast unbegrenzt Raum für unterschiedliche Ausfüllung. Angenommen, ich hätte mein Auto irgendwo am Niederrhein abholen müssen, was hierzulande ja auch vorkommen soll, wie gut wären dann die Chancen gewesen, dass eine Schöne mich armen Parksünder sanftmütig angelächelt, beschirmt und durch den Regen zum Auto geleitet hätte? Ein wahrscheinliches Szenario?

Dienstleistung ist in Japan insgesamt so viel höher entwickelt als hierzulande, dass man sich scheut, denselben Begriff dafür zu verwenden. Das zeigte sich auch in diesem Fall wieder. Tokyo war teurer und besser, viel teurer und viel besser. Ein Zahlschein hier, gegen den man, außer auszuwandern oder in den Untergrund zu gehen, praktisch nichts machen kann, gegen ein schlagendes Herz in einer weiblichen Brust dort, gegen das man auch nichts machen kann. Ein charakterloser Verwaltungsvorgang hier gegen Empathie und echte Bekundung von Mitleid, die einem das Gefühl gibt, nicht aus der Gesellschaft der Menschen ausgestoßen zu sein, dort. Durch menschliche Zuwendung dafür zu sorgen, dass der Ärger über die hohe Buße geringer war als der über die schriftlich mitgeteilte viel niedrigere, ist schon eine Leistung. Dass das so war, dass mich der Denkzettel am Niederrhein zunächst härter traf als der in Tokyo, lag aber auch daran, dass ich, durch die Unwirtlichkeit der niederrheinischen Gesellschaft sowieso auf Selbstmitleid konditioniert, mich ungerecht behandelt fühlte, zu Unrecht, wie sich leider herausstellte.

In Tokyo wusste ich im fraglichen Fall genau, was ich tat. Mit dem Strafmandat hatte ich fast gerechnet (wenn auch nicht mit dem Abschleppen). Das waren praktisch unvermeidliche Betriebskosten, da es zu bestimmten Tageszeiten fast aussichtslos ist, ein Taxi nach Hause zu kriegen, wenn es so regnet, wie es in Tokyo in der Regenzeit regnen kann. Am Niederrhein wusste ich auch, was ich tat. Das glaubte ich wenigstens, und ich glaubte, dass ich das Richtige tat. Ich parkte das Auto im Parkverbot. Unter dem Schild stand jedoch eine Einschränkung: Werktags von 7 bis 19 Uhr. Es war Samstag. Schulen waren zu, Universitäten, Banken, Ämter, Arztpraxen, die Post im Kaff, viele Läden. Durch das Schild fühlte ich mich deshalb zum Parken eingeladen. Hatte der Polizist/die Politesse es übersehen? Obwohl es nur fünfzig Mark waren, musste ich dem nachgehen und rief die Nummer an, die auf dem Zahlschein stand.

«Könnte vielleicht ein Irrtum vorliegen? Am 8. war Samstag, und auf dem Parkverbotsschild stand ‹werktags von 7 bis 19 Uhr›?»

«Zahlen Sie lieber gleich», gähnte eine Frauenstimme durchs Telefon. «Samstag ist ein Werktag.»

«Arbeiten Sie denn samstags?»

«Hat damit nichts zu tun, zahlen Sie lieber.»

Da ein Anruf wie der meine offenbar öfter vorkam, war meine Ignoranz wenigstens nicht besonders auffällig. Da fast niemand samstags arbeitet, denken alle, dass Samstag kein Werktag ist. Dass mich das nicht vor Strafe schützte, musste ich hinnehmen wie auch die Erkenntnis, dass Samstag im Sinne des Verteilens von Strafmandaten ein Werktag ist; fast nur in diesem Sinne.

Das Vorlesen vor dem Einschlafen ist sehr wichtig für Kinder. Von den Aufregungen des Tages können sie etwas zur Ruhe kommen. Sie lernen, dass es außer der Welt ihrer Erfahrung auch noch die der Phantasie gibt, in der alles möglich ist. Sie lernen Zuhören und Neues nur durch die sprachliche Mitteilung aufzunehmen. Das Vorlesen schafft eine bestimmte Intimität zwischen Leser und Zuhörer, die in der gemeinsam erfahrenen Geschichte und in der geteilten Situation wurzelt. Für Kinder, die in einer Umgebung aufwachsen, wo im Haus und außerhalb verschiedene Sprachen gesprochen werden, die sie beide erlernen, ist das Vorlesen doppelt wichtig, denn die Sprache des Milieus ist immer stärker als die der Familie. Um den Kindern die Chance zu geben, Deutsch nicht nur fürs Allernötigste radebrechend zu erlernen, las ich ihnen deshalb regelmäßig vor, Abend für Abend.

Geeignete deutschsprachige Bücher zu finden war nicht immer ganz einfach, denn die Wirklichkeit, über die sie vielleicht nichts erzählen, die sie aber voraussetzen, ist eine andere als die, die die Kinder kennen. Beim Vorlesen will man ja nicht ständig unterbrechen, um alles Mögliche zu erklären. Kirmes, was ist das? Warum gehen die Kinder nachmittags nicht in die Schule? Was ist ein Namenstag, Weihnachten, Ostern? Andererseits sind Bücher, wenn sie nur interessant genug sind, ein gutes Mittel, um Kinder etwas von einer fremden Wirklichkeit wissen zu lassen. Mein Freund Modj, der ein frankophoner Iraner ist und in Tokyo mein Kollege war, ist davon überzeugt, dass die ersten Lieder und Märchen und Reime, die Kinder zu Gehör kriegen, einen prägenden Einfluss auf ihre Seele und ihr weiteres Leben haben. Genauso glaubten ja die Amerikaner, nach dem Zweiten Weltkrieg den Deutschen die Lektüre von Aschenputtel verbieten zu sollen, um sie wieder zu zivilisierten Menschen zu machen. Ich halte solche Ideen für Pipifax, wahrscheinlich weil ich aller gegenteiligen Evidenz zum Trotz zu großes Vertrauen in die Möglichkeiten der menschlichen Vernunft habe. Aber wie dem auch sei, Literatur ist irgendwie in der Realität verankert und desto schwerer zu verstehen, je weniger einem diese Realität bekannt ist. Ich achtete bei der Suche nach geeigneten Vorlesebüchern deshalb darauf, dass sie möglichst phantasievoll und ohne gute Kenntnisse von Deutschland verständlich waren. Das ging manchmal gut, manchmal weniger, weil es gute und weniger gute

Bücher gibt und weil ich mir nicht immer im Klaren darüber war, welchen Erfahrungshintergrund die Kinder hatten und welchen sie brauchten, um ein bestimmtes Buch zu verstehen. Phantasien von Fakten zu unterscheiden fiel ihnen nicht immer leicht. Mir auch nicht.

Da waren zum Beispiel die Bücher des begnadeten Paul Maar, der sehr zu Recht mit dem deutschen Jugendliteraturpreis ausgezeichnet wurde. Die, die ich inzwischen kenne, handeln vom Sams, einem recht menschlichen Fabelwesen, das sich vor allem durch seine blauen Sommersprossen auszeichnet. Das Sams sucht Martin Taschenbier auf, den Helden der Geschichte, der wie einst schon sein Vater gar keiner ist, sondern eher ein schüchterner Knabe, der gelegentlich Beistand gebrauchen kann. Den gewährt ihm das Sams mit seinen Sommersprossen, die nämlich magische Kräfte bergen. Eine jede steht für die Verwirklichung eines Wunsches. Martin braucht ihn nur in Gegenwart des Sams auszusprechen, und schon ist er erfüllt. Das Sams hat dann einen Punkt weniger. Mit seinen Wünschen muss Martin also sorgsam umgehen. Das Sams heißt Sams, weil es am Samstag aufzutauchen pflegt, wo ja sonst sowieso nichts passiert. Samstags ist die Normalität suspendiert, man braucht nicht zu arbeiten, alles ist möglich. Man geht seinen Wünschen nach. In dieser schönen Welt will man nicht nur an einem Tag der Woche leben. Was liegt näher, als sich «eine Woche voller Samstage» zu wünschen, wie eines von Maars Büchern heißt.

Alles sehr lustig, was Martin mit dem Sams so erlebt. Beim Vorlesen amüsierten wir uns gut. Um sich so etwas auszudenken, braucht man schon gehörig viel Phantasie! Dachte ich, bis wir uns am Niederrhein niederließen und mir klar wurde, dass das alles direkt aus dem Leben gegriffen war. Nicht die blauen Wunschpunkte, zugegeben, aber das mit der Samstagsmentalität schon. Spätestens ab Freitagvormittag ist es völlig unauffällig, jemandem ein schönes Wochenende zu wünschen. Auch donnerstags habe ich diesen verräterischen Gruß schon gehört, ohne dass der, der ihn aussprach, ausgelacht worden wäre. Das Wochenende wird herbeigesehnt, ähnlich wie in der Schule die Pause. Das Leben wird um Wochenende, Kurzurlaub, Feiertage, Kur und Ferien herum organisiert, hat man oft den Eindruck.

Bei der Zulassungsstelle für das Auto erfahre ich von der Dame, die hinter einem der Schalter sitzt, um die besonderen Merkmale meines Autos und meiner Person aufzunehmen, dass sie auch ein Mensch sei. Inhaltlich überraschte mich diese Mitteilung nicht, dass sie gemacht wurde, allerdings sehr, obwohl mich bei anderer Gelegenheit ja schon die Kindergärtnerin über diese Art des Menschseins aufgeklärt hatte. Der Grund war diesmal offenkundig meine Frage, ob die Dame ihren Beruf nicht liebte. Dieser Eindruck drängte sich mir auf, nachdem ich ihr etwa fünf Minuten lang zugehört hatte, wie sie von Teneriffa erzählte, wie toll es da sei, dass sie bald buchen müsste, aber dass Walter noch unentschlossen sei. Mich interessierte Walter nicht sehr, aber ich konnte es nicht vermeiden, in seine Unentschlossenheit eingeweiht zu werden, da ich in etwa einem Meter Abstand darauf wartete, meine Zulassungspapiere abgeben zu dürfen, während die Dame telefonierte. Obwohl sie mir den Rücken, um nicht zu sagen die kalte Schulter zukehrte, konnte ihr meine Gegenwart kaum verborgen geblieben sein, war doch der einzige Grund ihres Daseins, möglichst unverzüglich von dem Publikum, das kam, Notiz zu nehmen. Der Meinung war sie aber offenkundig nicht, jedenfalls ließ sie sich dadurch in ihren Urlaubsträumen nicht so leicht stören. Solchen nachzuhängen, und zwar nicht nur auf dem Weg zum Arbeitsplatz, sondern auch dortselbst, ist ja wohl verzeihlich, menschlich. So war der Hinweis der Dame zu verstehen, sie sei auch ein Mensch. Ein solcher und ähnlich schwer beschäftigt war auch ihre Kollegin bei der Bank, wo sie einen Bildschirmarbeitsplatz ausfüllte. Von dem kann man sich nicht so leicht erheben, um einen Kunden zu bedienen, jedenfalls nicht, wenn man gerade auf der Internetseite «Best Food» die Drinks studiert.

«Lagerbräu», lese ich laut von ihrem Bildschirm ab, da sie mein intensives Vom-einen-Fuß-auf-den-anderen-Treten unbeachtet ließ. Sie blickte auf mit einer Miene, die zu verstehen gab, dass sie zu den vielen Mitmenschen gehörte, die die stetige Erodierung der Woche durch das Wochenende begrüßen. Eine Woche voller Samstage wäre für die meisten keine Woche voller Werktage.

In Deutschland lebt man in einer Freizeitkultur, was vielfach für ein Zeichen des erfolgreichen Sozialstaats gehalten wird, der mit allgemeinem Wohlergehen verwechselt wird. Und das Bestreben ist, die freie Zeit weiter auszudehnen, die Arbeitszeit weiter zu verkürzen. Nur noch 35 Stunden die Woche und nur noch bis 60 soll gearbeitet werden, das sei genug. Bei VW wird 29 Stunden die Woche gearbeitet. Viel ist das nicht, wenn man es sich recht überlegt, rund 10 Prozent eines Lebens, das 75 Jahre währt und 40 Jahre Arbeit beinhaltet. Ständig werden neue Argumente vorgebracht, um die Arbeitszeit zu verkürzen. Ein Buch über modernes Zeitmanagement, das nach eigener Auskunft «auf eine schlichte Formel gebracht» weniger Arbeit und mehr Freizeit verspricht, kann in diesem Klima zu einem Bestseller werden. In der Reklame dafür fragt der «führende Zeitmanagementexperte unserer Zeit», Professor Dr. Lothar J. Seiwert, rhetorisch: «Vor die Frage gestellt, man dürfe sein Leben noch einmal leben – wer würde sich wohl rückblickend wünschen, er hätte mehr Zeit im Büro verbracht?» Niemand natürlich, denn, das ist die Moral von der Geschicht, Arbeit gilt es zu meiden. Wer das tut, ist auch ein Mensch. Arbeit, knapp wie sie in Deutschland mit elf Prozent Arbeitslosen über Jahrzehnte geworden ist, ist ein notwendiges Übel, eine Unterbrechung der Freizeit. Diese Kalamität ins Positive zu wenden, hat die Berliner Initiative der «Glücklichen Arbeitslosen» einen ehrbaren Versuch unternommen, die 1998 ein Manifest veröffentlichte, in dem sie um die Anerkennung der Arbeitslosigkeit als kulturelle Lebensform und um deren Bezahlung durch die öffentliche Hand warb. Als saure Trauben will sich die Gruppe Arbeit zwar gerade nicht verstanden wissen, aber dass sie sich selbst aus der Not geboren hat, kann man ihr trotzdem zugute halten. Mit ihrer Existenz manifestiert sie auf ihre Weise eine schwerwiegende soziale Fehlentwicklung auf dem Arbeitsmarkt. Ihre negative Einstellung zur Arbeit ist nur eine Überspitzung. Für die negativen Folgen der negativen Einstellung zur Arbeit schwindet Verständnis nicht nur in den Randgruppen, da sie auch und vor allem unter der arbeitenden Bevölkerung die Eigenschaft hat, sich selbst zu verstärken.

«Wer will schon arbeiten?!», brachte die Hostess in einem Flughafenzubringerbus die Sache auf den Punkt, als ich sie mit dem Fahrer sprechen hörte.

Wenn ohne Produktivitätsverlust kürzer gearbeitet werden soll, muss der Zwang zur Effizienz zunehmen und damit der Druck auf den Einzelnen. Dazu, das Arbeitsleben angenehm zu machen, trägt das nicht unbedingt bei, denn in vergleichsweise kurzer Zeit muss viel getan werden. Hektik ist die Folge und das allgemeine Gefühl, die Arbeit stehe im Gegensatz zur Freiheit, sei nur ein Mittel zum Zweck des «eigentlichen» Lebens. Um sich diesem Druck zu entziehen, kann man nur darauf dringen, den Arbeitstag, die Arbeitswoche, das Arbeitsjahr, die Lebensarbeitszeit weiter zu verkürzen. Das jedenfalls ist die Logik der Ressource Zeit. Ganz ähnlich wird von den Gegnern längerer Ladenöffnungszeiten argumentiert, die nur unter dem Gesichtspunkt der Kostenminimierung, nicht unter dem der Bequemlichkeit gesehen wird. Der Umsatz wird auch nicht gesteigert, sagen sie, wenn die Läden länger offen sind, denn die Leute haben dann auch nicht mehr Geld zum Ausgeben. Deshalb lohnte es sich auch nicht. Etwas weiter gedacht, läuft das darauf hinaus, die Ladenöffnungszeit weiter zu verkürzen, vielleicht auf eine Stunde am Tag oder einen Tag in der Woche. Das ist dann schon fast eine Woche voller Samstage. Unterdessen werden die Zeiten, in denen man normal funktionieren kann, immer mehr eingeschränkt. Das halbe Land liegt ständig lahm, weil entweder Wochenende ist oder irgendjemand, den man braucht, Ferien macht. Dass die Stühle nicht vor Ende August geliefert werden könnten, wurde mir Anfang Juni gesagt, weil erst beim Hersteller, dann beim Spediteur und dann bei dem Möbelgeschäft Betriebsferien waren. Genau das war die Begründung. Dass deutsche Arbeiter kürzer arbeiten und wesentlich länger Ferien machen als japanische und auch amerikanische, war mir bekannt, aber wie das auf das ganze alltägliche Leben durchschlägt, erfuhr ich erst vor Ort. Wie viel bequemer ist etwa das Einkaufen in Japan, ja alles, was mit Dienstleistung zu tun hat! Das entspricht einer unterschiedlichen Wertschätzung: Je länger Geschäfte, Behörden und andere Dienstleistungsbetriebe zugänglich sind, desto bequemer ist es für die Kunden. Je kürzer andererseits der Arbeitstag ist, desto bequemer ist es für die Arbeiter. Da es freilich außer Babys und Rentnern immer noch viele Leute gibt, die beides sind, Kunden und Arbeiter, ist die Frage nicht, ob die Bedürfnisse der einen Gruppe oder die der anderen bevorzugt befriedigt werden sollen. Vielmehr geht es um eine unterschiedliche Gewichtung der öffentlichen und der privaten Seiten des Lebens.

Die Kultivierung des Wochenendes kommt in Deutschland der Kultivierung der Privatsphäre gleich. Die öffentliche Sphäre verkümmert darüber. Die Städte sterben aus, man zieht sich zurück, nach Hause, ins Wochenendhaus, in den Schrebergarten. Diese Betonung des privaten Raums gegenüber dem öffentlichen und die strikte Trennung zwischen beiden prägt das ganze Leben. Arbeit ist öffentlich, Konsum privat; Kaufhaus und Straße sind öffentlich, Haus und Wohnung privat; die Woche ist öffentlich, das Wochenende privat.

Den privaten Raum kann man frei gestalten, der öffentliche ist voller Zwänge. In Japan liegen die Schnitte anders, was viel damit zu tun hat, dass man am Wochenende nicht zur Privatheit verdammt ist. In manchen Bereichen ist die Differenzierung zwischen privat und öffentlich in Japan weniger rigide als in Deutschland, in Europa, im Westen. Sie ist weniger weit entwickelt, sagen die, die glauben, dass der Westen weiter entwickelt ist als der Rest der Welt inklusive Japan. Dass Arbeitskollegen in Japan viel öfter als im Westen am Ende des Tages noch zusammen einen Schluck trinken, ist ein Beispiel für die Überschneidung von privater und öffentlicher Sphäre. Das gehört dazu, und man kann sich dem nicht leicht entziehen, selbst wenn man das will. Der Erwartung mitzumachen sah auch ich mich oft konfrontiert, denn in dieser Hinsicht funktioniert eine Universität fast so wie ein Betrieb. Weder das Trinken von Whiskey oder Bier – den gebräuchlichsten Getränken bei solchen Gelegenheiten – noch der Austausch von Belanglosigkeiten liegt mir besonders. Dennoch habe ich die so verbrachten Abende nicht nur als Zeitvergeudung empfunden. Sie halfen tatsächlich, das zu kultivieren, was die Japaner «menschliche Beziehungen» *(ningen kankei)* nennen, womit sie Beziehungen im außerfamiliären Bereich meinen. Dem wird schon in der Erziehung viel Zeit gewidmet, was viel zu den verbindlichen Umgangsformen beiträgt. Auch im öffentlichen Bereich denkt man daran, dass man die Beziehungen zu den Menschen, mit denen man es zu tun hat, pflegen muss.

Wenn man die Entwicklung Deutschlands und Japans seit dem Zusammenbruch im Zweiten Weltkrieg vergleicht, so lag bei aller Parallelität ein deutlicher Unterschied darin, dass in Deutschland der private, in Japan der öffentliche Bereich betont wurde. Vielleicht ist das Kultur. In Deutschland haben mehr Menschen schöne und geräumige Häuser, in Japan sind öffentliche Räume wie Bahnhöfe, Ausstellungsräume, Pachinkosalons – für den, der Pachinko (Pinball-Maschinen) mag – und vor allem Kaufhäuser schöner. Überhaupt findet der Konsum in größerem Maße als in Deutschland im öffentlichen Bereich statt, der wie etwa in den Kaufhäusern wesentlich attraktiver ist als in Deutschland. Natürlich sind Kaufhäuser am Wochenende geöffnet, gerade am Wochenende, denn da haben viele Zeit, sich an ihnen zu erfreuen. In der Konsumgesellschaft, in der immer weniger Zeit mit Produzieren, immer mehr mit Konsumieren verbracht wird, ist das kein gering zu schätzender Aspekt des Lebensgefühls, der freilich von keinem Lebensqualitätsindex gemessen wird.

Als die Warenhauskette Takashimaya 1996 in Shinjuku, einem der größten Einkaufsviertel Tokyos, ein neues Geschäft eröffnete, wurde es in den ersten drei Tagen von einer Million Leute besucht, darunter sicher mehr Schaulustige als Käufer, aber das ist durchaus beabsichtigt. «Kaufhaus» ist eine irreführende Bezeichnung, wenn man dabei an Karstadt denkt. Denn mit einem Gang zu Takashimaya kommt man nicht der schnöden Notwendigkeit des Kaufs eines bestimmten Artikels nach, nein, man lässt sich auf ein Abenteuer ein, begibt sich auf die Jagd, in den Dschungel der Überraschungen, genießt Auslagen, Designs und den Kitzel der Verführung. Man spielt Theater, tut so als ob und stellt sich vor, wie es wäre, wenn; wenn man zum Beispiel Eigentümer des Ferrari wäre, der zwar den Kunden zum Anfassen vorgeführt, aber keineswegs zum Kauf angeboten wird. Japanische Kaufhäuser sind voll von Sachen, die nicht gekauft, sondern nur betrachtet werden sollen. Denn Kaufhäuser sind Weihestätten, Kathedralen, in denen sich für den, der daran glaubt und danach sucht, die japanische Volksseele offenbart, sie sind die Tempel des heutigen Japans: öffentliche Räume, in denen sich soziale Begebenheiten und Erlebnisse um den Mittelpunkt des Konsums gruppieren. Diese Tempel bieten nicht nur dem Käufer Waren aus aller Welt an, sie wetteifern um die raffinierteste Dekoration, beherbergen Museen und Galerien, Wandelgänge und Dachgärten sowie Stätten der Erquickung für den müden Wanderer. Die großen Kaufhäuser Tokyos, Seibu und Tobu, Matsuzakaya und Takashimaya, Mitsukoshi und Isetan konkurrieren miteinander um das exquisiteste Angebot von Restaurants, denen sie ein bis zwei ganze Stockwerke einräumen, sodass dem Flaneur von der schnellen Nudelküche über das französische Bistro und die italienische Trattoria bis zum eleganten japanischen Kaiseki-Restaurant für teuerste Gelegenheiten alles geboten wird.

In Kaufhäusern ersteht man nicht nur Waren, sondern sein eigenes Selbstbild. Sage mir, welches Kaufhaus du frequentierst, und ich sage dir, wer du bist. Ist doch Einkaufen keineswegs die lästige Notwendigkeit, die der verschrobene Konsumverzichtler darin erblicken will. Vielmehr ist es ein lustvoller Akt der Feinstimmung der eigenen Identität, denn für viele Japaner ist das Konsumverhalten eine der wichtigsten Formen des Ausdrucks der Persönlichkeit. Kaufhäuser sind Orte, an denen man lange verweilt, um sich zu informieren, um auf der Höhe zu sein darüber, was *in* ist, denn das Überangebot, das den japanischen Markt kennzeichnet, geht mit schnell wechselnden Trends einher. Das Diktat der Mode ist absolut.

Der Markt individuiert, denn als Käufer tritt jeder einzeln auf; gleichzeitig jedoch sozialisiert er, denn er bindet alle Käufer in einer gemeinsamen kommerziellen Kultur ein. Es herrscht sowohl Überfluss als auch Konformität. Man kauft nicht irgendwas, denn mit dem, was man kauft, assoziiert man sich einer Gruppe oder einem Stamm, wie es in Japan oft heißt: dem Stamm der modebewussten *OL* oder «office ladies» etwa, unverheirateter junger Büroangestellter, die noch bei ihren Eltern leben und deshalb viel Geld zum Ausgeben haben, oder dem Stamm der jungen Modebegeisterten, die sich die Haare rosa und blau färben und nach der Schule oder Universität ein paar Stunden irgendwo arbeiten, um sich die letzten Statussymbole leisten zu können. In einer Gesellschaft, deren Mitglieder nach eigener Einschätzung zu neunzig Prozent einer vage definierten Mittelschicht angehören und die relativ geringe Einkommensunterschiede aufweist, bezeichnen solche Gruppen oder Stämme tatsächlich sozial bedeutungsvolle Differenzierungen.

Das Thema der Globalisierung des Konsums wird natürlich auch in Tokyo ausgespielt, freilich noch immer nach einem japanischen Notenschlüssel. Im Zeitalter der fortschreitenden Liberalisierung des Handels wirken sich die von der kapitalistischen Marktwirtschaft entfesselten Kräfte weltweit homogenisierend aus. Was die Welt zu bieten hat, kann man in Japan kaufen. Was sich freilich gerade in Japan zeigt, ist, dass der Kapitalismus trotzdem nicht alles platt walzt, nicht alle Unterschiede nivelliert. Die Kultur hat da doch noch eine Nische, als Zuckerguss auf dem Kuchen gewissermaßen. Und der Zuckerguss ist keine Kleinigkeit, er verändert den ganzen Geschmack.

In Berlin ging ich ins berühmte KaDeWe, um eine Tasche zu kaufen. Morgens um zehn konnte ich mich ungestört umsehen und fand auch bald, was ich wollte. Nach einigem Suchen gelang es mir dann auch, eine Verkäuferin zu finden, obwohl die sich hinter einer Säule versteckte, wo sie einen Plausch mit ihrer Kollegin hielt.

«Ja, eine schöne Tasche», beglückwünschte sie mich, ohne Anstalten zu machen, sie mir aus der Hand zu nehmen.

«Ich würde sie gern bezahlen», ergriff ich deshalb die Initiative.

«Die Kassiererin kommt ina halbm Stunde.»

Für japanische Kunden ein Vorfall jenseits der wildesten Phantasien. In japanischen Kaufhäusern brauche ich auf Bedienung nicht zu warten. Auch habe ich niemals das Gefühl, das Personal bei einer wichtigeren Beschäftigung zu stören. Eine wichtigere Beschäftigung, als zu Diensten zu sein, gibt es für das Personal nicht. Wie ein werter Gast werde ich behandelt, für dessen Besuch der Verkäufer auch dankt, wenn ich nichts gekauft habe. Japanische Kunden erwarten eine solche Behandlung. Sie ist teuer, da sie viel gut geschultes Personal verlangt. Wer denkt, dass es beim Einkaufen darum geht, Waren so billig wie möglich aus dem öffentlichen in den privaten Bereich zu transferieren, um letzteren nach dem eigenen Geschmack zu gestalten, muss das als Luxus betrachten. Je mehr man aber damit rechnet, dass man lange Strecken des eigenen Lebens auch in öffentlichen Räumen verbringt, desto weniger empfindet man diese Art von Bedienung als Luxus; einmal abgesehen davon, dass Luxus das Leben angenehm macht, samstags und jeden Tag.

## GUTE FAHRT!

Bei allen Unterschieden zwischen Tokyo und dem noblen Vorort am Niederrhein gibt es doch Ähnlichkeiten, die suggerieren, dass man hier wie dort in ein und derselben Welt lebt. Schließlich sind sowohl Japan als auch Deutschland führende Industrieländer, die alles Mögliche für den Weltmarkt produzieren, Autos beispielsweise. Der Gegenübernachbar in Tokyo hatte einen sehr eleganten roten BMW, den ich von meinem Schreibtisch aus dem Fenster blickend sehen konnte. Er war ein Kleinod, ein Schatz der Familie, die ihn genauso umhegte, wie es ihm vermutlich widerfahren wäre, wenn er in Deutschland geblieben wäre und am Niederrhein ein Zuhause gefunden hätte. Mindestens so, denn ein eleganter BMW ist in Japan teurer und seltener und deshalb etwas noch Feineres als in Deutschland. Wie viele BMWs in Deutschland können von sich behaupten, öfter gewaschen, geölt, massiert und gestreichelt als gefahren zu werden? Das Leben in der Fremde wurde dem Gegenüber-BMW wahrlich leicht gemacht. Von meinem Schreibtisch aus konnte ich beobachten, wie oft er ausgeführt wurde, und hier beginnen dann schon wieder die Unterschiede. Der Herr des Hauses verließ dasselbe allmorgendlich zu Fuß, denn wo sein Arbeitsplatz auch sein mochte, er war auf jeden Fall schneller mit der Bahn zu erreichen als mit dem BMW. Die Dame des Hauses benutzte gewöhnlich das Fahrrad. BMW blieb allein zu Hause in seiner Garage. Da diese offen war, konnte man ihn in seiner ganzen Herrlichkeit sehen, was vielleicht seine Hauptbestimmung war. Der Transport von Menschen oder Gütern war es jedenfalls nicht. Nur gelegentlich wurde er aus der Garage geholt, um der ganzen Familie zu einem *doraibu* – von englisch *drive*, was auf Japanisch so viel bedeutet wie Lusttour – zu verhelfen, einer Fahrt um des Fahrens willen.

Die Popularisierung der Vorstellung, dass ein *doraibu* vergnüglich sein kann, muss neben der Durchsetzung des Eisschranks in allen Haushalten Grönlands als größter Erfolg der Werbeindustrie gelten. Japanische Fernsehwerbung hat mich immer fasziniert, weil sie so phantasievoll ist, dass ich meistens gar nicht verstehe, wofür geworben wird. Mit der Realität versuchen die post-post-modernen Filme nicht einmal etwas zu tun zu haben. So ist es auch mit den Werbespots der Autohersteller, die den Menschen zeigen, dass der Typ, den sie kaufen sollen, um die Place de la Concorde fährt oder auf schnurgerader leerer Straße zwischen den Kandelaberkakteen Arizonas in den Sonnenuntergang saust. Um einen selbst erlebten *doraibu* damit in Zusammenhang zu bringen, muss ein Tokyoter entweder über eine exorbitante Einbildungskraft verfügen oder den Fernsehapparat einschalten, über den viele Autos in Japan verfügen, wahrscheinlich aus diesem Grund. Den Blick lässt er dann zwischen ihm und dem GPS-gesteuerten Wegweiser auf einem anderen Bildschirm hin- und herschweifen. Die Bremslichter des vor ihm fahrenden Wagens kann er dazwischen immer noch wahrnehmen. Um sich in Tokyo an einem *doraibu* zu erfreuen, muss man ganz bestimmte Bedingungen beachten. Man kann zum Beispiel nicht an einem Werktag fahren, weil man, wenn man einen BMW fährt, an Werktagen arbeitet. (Der Samstag ist einer davon, und zwar nicht nur für die Parkzettelausteiler.) Bleiben Sonn- und Feiertage, an denen allerdings so viele Tokyoter einen *doraibu* machen wollen, dass die Straßen spätestens ab sieben Uhr morgens verstopft sind, was die Lust am *doraibu* wesentlich mindert. Die Zeitfenster, die für einen erfolgreichen *doraibu* zur Verfügung stehen, sind nicht größer als die für den Start einer Raumfähre. Was Wunder, dass ein Auto wie der BMW von gegenüber im Jahr nicht mehr als zweitausend Kilometer zu laufen braucht, wenn es hoch kommt. Die Lehre, die man daraus ziehen kann, um Abhilfe für diese Misere zu schaffen, ist entweder mehr und breitere Straßen bauen, wie in Deutschland, oder weniger Auto fahren, wie es die Vernunft gebietet.

Es gibt Menschen, die behaupten, allem menschlichen Handeln lägen rationale Entscheidungen zugrunde. Sie sind vor allem in der politischen Wissenschaft und in der Ökonomie zu finden. Das Auto ist die verkörperte Falsifikation ihrer Theorie. Wenn man das Auto verstehen will, muss man es nicht nur als Wirtschaftsfaktor, sondern auch als Kulturprodukt betrachten, denn von dem Gedanken, dass Kultur etwas mit rationalen Entscheidungen zu tun hat, haben die meisten, die irgendwann mit ihm liebäugelten, schnell wieder Abstand genommen. Rational oder nicht, ist die Logik des Autos freilich unerbittlich. Das Auto ist wie eine

Konfession. Jeder hat eine, in Japan wie in Deutschland. In Japan wird nicht viel Gebrauch davon gemacht, ja, es gibt viele Menschen, die sowohl Buddha als auch Schinto fahren, aber beide fast immer in der Garage stehen lassen. In Deutschland kann man sich das nicht erlauben. Protestant oder Katholik, VW oder Mercedes, gefahren werden muss.

Ich dachte, ich könnte dieser Logik widerstehen, als ich an den Niederrhein zog, etwas zumindest, denn das Auto ist ja nur ein trauriger Ersatz für ein Nahverkehrssystem. Umweltbewusstsein, hatte ich außerdem gehört, werde in Deutschland groß geschrieben. Was in der Bundesrepublik, die ich kannte, eine unordentliche Bewegung von KörnerfresserInnen, SandalenträgerInnen und Damen ohne Make-up und BH war, trat nun, politikfähig geworden, als veritable Partei auf, die sich für die Umwelt einsetzte. Das kann man nur Fortschritt nennen. Oh, deutsche Umwelt, frohlocke, der Entwicklung in Japan, wo man gerade einmal anfängt, sich gegen den Verzehr von als Spinat verkleidetem Dioxin zu wehren, bist du um Generationen voraus! Es kann nur noch eine Frage der Zeit sein, dass alle Deutschen zu Fuß gehen; weiß doch jedes Kind, dass es keine größere Belastung der Umwelt gibt als das Auto. Jede Ölpest ist ein Kinderspiel, verglichen mit dem täglichen $CO_2$-Ausstoß einer deutschen Großstadt. Wie lange Zeit der Abschied vom Auto auf sich warten lassen wird, ist allerdings nicht abzusehen. Einstweilen manifestiert sich das hoch entwickelte deutsche Umweltbewusstsein, fand ich heraus, typischerweise darin, dass man nie weiß, wann welche Mülltonne geleert wird und dass man mit dem Auto zum Glascontainer fährt, um dort die Schnapsflaschen von den Weinflaschen zu trennen. Jedenfalls im Vorort am Niederrhein, wo das Auto für praktisch jeden Weg unverzichtbar ist. Dafür gibt es eine überzeugende Erklärung. Es gebricht an einem funktionierenden öffentlichen Verkehrssystem.

Und dennoch, man soll sich nicht gleich entmutigen lassen. In jedem Punkt braucht man sich nicht anzupassen, und andererseits muss man sich auch etwas nach der Decke strecken. Zu erwarten, dass man überall die gleichen Bedingungen vorfindet, ist keine vernünftige Haltung, insbesondere nicht für einen Mann von Welt, der sich einbilden darf, Geschäftigkeit und Leerlauf um sich herum mit dem Abstand des wenn nicht Unbeteiligten, so doch Abgeklärten beobachten zu können. Mit dem öffentlichen Nahverkehr ist es ja tatsächlich ein teuflischer Kreislauf: Niemand will damit fahren, weil er so schlecht ist, und ihn zu verbessern ist so schwierig, weil niemand damit fährt. Das kann sich nur ändern, wenn jeder Opfer bringt. Ich beschloss also, meinen Beitrag zur Verbesserung der Welt im Vorort dadurch zu leisten, dass ich die Bahn benutzte, statt mit dem Auto den Treibhauseffekt zu verstärken und uns alle ins Unglück zu stürzen. Ein Stück Gewohnheit war auch dabei. Ich tat, was ich das letzte Jahrzehnt täglich getan hatte, und fuhr mit dem Rad zur nächstgelegenen Haltestelle, um dort in die Bahn zu steigen. Nur hatte ich in Tokyo mehr Glück, in mancherlei Hinsicht. Außer wenn der Regen mich hinwegzuspülen drohte, konnte ich immer fahren, morgens hin, abends zurück.

Im Vorort hier musste ich zurück schieben, zweimal

in den ersten zwei Wochen: Reifen platt. Kein Nagel im Reifen, keine Materialschwäche, das Ventil war weg. Jemand brauchte vielleicht Ventile oder hatte etwas gegen die Benutzung von Fahrrädern. Dabei hatte ich das meine ordnungsgemäß in einem unverkennbar dafür vorgesehenen Häuschen geparkt. Das Häuschen war an einer Seite offen, die übrigen drei Wände waren aus Glas, was mir auffiel, denn das ist ja ein zerbrechliches Material. Kein Wunder, dass zwei Scheiben kaputt waren. Wenn es stürmt und ein Rad umfällt, kann das passieren. Dass das nicht die Ursache war, ging mir erst beim zweiten platten Reifen auf. Das Häuschen war aus Glas, damit sich Ventilräuber und Leute, die noch Schlimmeres im Schilde führten, darin nicht unbeobachtet fühlen konnten. Solche Leute waren es wohl auch, die die Glasscheiben zertrümmert hatten. Sie hatten offenkundig nicht nur etwas gegen die Benutzung von Fahrrädern. Auch auf Fahrpläne richtete sich ihr Hass, wie es schien. Ein dickes Kreuz aus weißer Farbe verhinderte den Blick darauf. Dass der eher ästhetische als funktionale Zwecke hätte erfüllen können, da jede Ähnlichkeit zwischen Plan und Wirklichkeit rein zufällig ist, musste ich erst noch lernen. Neben dem weißen Kreuz stand in gelber Farbe FUCK, ein relativ neues deutsches Wort zum Ausdruck von Wut und einer Reihe anderer unbestimmter Gefühlsregungen. Auf dem Boden unter dem Arnulf Rainer nachempfundenen Fahrplan lag eine leere Bierdose, die mit derselben weißen Farbe wie das Kreuz bemalt war. Ihr Besitzer wurde bereits gesucht. Das jedenfalls konnte ich in der schließlich doch gekommenen Bahn einem Schild entnehmen, das mir fünfhundert Mark für jeden Vandalen versprach, der durch meinen

Hinweis seiner gerechten Strafe zugeführt würde. Zum Beispiel den, der auf den Sitz neben mir mit dickem Filzstift MILZ geschrieben hatte. Am Fenster stand NOTRE, mit viel Mühe ins Glas geritzt, dazu noch ein paar Kringel. Eine Vokabel, die sich ein Schüler wirklich einprägen wollte?

«Höma», sagt eine laute Männerstimme hinter mir, «isch wa fünf Jahre lang im Zuchthaus. Wolf Moser, wea is dat denn?»

«Wissen wir nicht, wissen wir nicht», sagt hastig die eine Hälfte eines mittelalterlichen Damenpaars für die andere mit. Sie sitzt mir schräg gegenüber und fühlt sich offenbar von Höma angesprochen. Sonst saßen auch nicht viele Leute in der Bahn.

Dass all dies viel besser zu meinen zugegebenermaßen schon etwas verblassten Erinnerungen an das New Yorker Ghetto der South Bronx passte als zu meinen Vorstellungen von einem noblen niederrheinischen Vorort, war ein bedenkliches Zeichen dafür, dass ich hinter der Zeit zurückgeblieben war.

Zurück in die S-Bahn. Der Automat, an dem ich meine Fahrkarte abknipsen sollte, tat nichts. Am hinteren Ende des Zuges war noch einer. Bei anderer Gelegenheit akzeptierte der Fahrkartenautomat an der Haltestelle meine Markstücke nicht. Die Abteilung für Geldscheine war von der Bahngesellschaft funktionslos gemacht worden; es mussten also Münzen sein. Während ich vergebens alle Markstücke ausprobierte, die ich hatte, fuhr ein Zug vorbei. In den nächsten stieg ich nach etwa zwölf Minuten ein, ohne Fahrkarte, obwohl mir ein Schild neben dem Automaten mitteilte: Kein Fahrscheinverkauf beim Fahrer. «Der Automat tut es nicht», sagte ich dem Fahrer deshalb, was ihn nicht zu verwundern schien. «Geht in Ordnung», sagte der Fahrer. Dass das kein Einzelfall war, sondern mehrmals geschah, begann die Abgeklärtheit des Fahrgasts von Welt zu unterminieren. Denn wieder ein anderes Schild, augenscheinlich der Ersatz für Kundendienst, bedrohte ihn mit einem Bußgeld von sechzig Mark für den Fall, dass er keinen gültigen Fahrausweis bei sich hatte. Das war ernst gemeint.

Wieder tat es der Automat nicht, wieder verkaufte der Fahrer keinen Fahrschein und sagte, geht in Ordnung. Aber diesmal kam der Kontrolleur, nein, die Kontrolleure kamen, drei an der Zahl mit breiten Schultern und entschlossenen Gesichtern. Ich dachte an die weiß behandschuhten Schaffner in Bügelfaltenuniform, die gelegentlich durch Tokyoter Vorortzüge gehen und die sehr geehrten Fahrgäste mit kaum hörbarer Stimme fragen, ob sie vielleicht einen Fahrschein oder eine Auskunft benötigen. Unaufdringlich und diskret ist ihr Auftreten; sehr im Unterschied zu ihren niederrheinischen Kollegen verkörpern sie die Unschuldsvermutung und tragen nichts als Dienstfertigkeit zur Schau. Dem Passagier, der zu wenig oder gar nichts bezahlt hat, bieten sie die Gelegenheit, das zu korrigieren. Die schiere Gegenwart der drei S-Bahn-Kontrolleure hingegen war einschüchternd und schien zu signalisieren, dass hier eigentlich niemand ohne schlechtes Gewissen sein könne.

«Da kommen sie wieder», hörte ich ein altes Mütterchen ihrer Sitznachbarin hinter mir zuraunen. «Als ich Pfingsten zum Friedhof fuhr, hatte ich meinen Seniorenpass nicht dabei und musste zahlen.» Etwas beunruhigend klang das, aber da ja alles in Ordnung gegangen war, gelang es mir, das aufkeimende Panikgefühl zu unterdrücken, und ich wartete darauf, dass die Kontrolleure auf mich zukamen. Einer mit Ohrring und einer Tätowierung, die unter dem Ärmel seiner Lederjacke hervorlugte, sah mich wortlos auffordernd an, die beiden anderen verstellten mir den Fluchtweg. Ich zitierte, was der Fahrer gesagt hatte, und wies sie darauf hin, dass ich weder die Bahnanlagen betreten hatte, was einem weiteren Schild zufolge laut BO Strab. verboten war – Deutschland! – noch den Notsignalschalter missbräuchlich gezogen hätte, was strafbar war. Ja, ich war auch meiner Pflicht als Fahrgast nachgekommen, mir «auf dem Wagen sofort einen festen Halt zu verschaffen», da ich verstanden hatte, dass «etwaige Folgen der Außerachtlassung dieser Bedingung selbstverschuldet sind».

«Der kann gut erzählen, wa», sagte Ohrring zu den beiden anderen.

«Ham Se 'n Fahrschein, ja oder nein?»

«Nein», gestand ich. «Der Fahrscheinautomat funktionierte nicht. Dem Fahrer hab ich es gleich beim Einsteigen gesagt. Fragen Sie ihn. Er hat gesagt, es ginge in Ordnung.»

«Schreib ma 'n Be, sechzig», sagte Ohrring zu seinem Kollegen und dann zu mir gewandt: «Könn Se sich ausweisen?» «Ja bitte», sagte ich und zog eine Visitenkarte aus meiner Jackentasche. «Soll das 'n Witz sein! AUSWEIS hab ich gesagt! Ohne Au sind Se nix! Müssen Se sofort zahlen.»

Was immer mir an Überredungskunst in dem Moment zu Gebote stand, es reichte nicht, ich musste sechzig Mark bezahlen. Die Nichtbeachtung der Beförderungsbedingungen war selbstverschuldet. Das war zweifellos richtig. Ohne Fahrschein hätte ich darauf verzichten sollen einzusteigen und die zehn Kilometer zu Fuß gehen. Ein andermal versuchte ich mich gegen den scheinbar auf permanente Betriebsferien eingestellten Automaten dadurch durchzusetzen, dass ich, gebrannter Fahrgast von Welt inzwischen, den Fahrer fragte, ob ich an der nächsten Haltestelle eine Fahrkarte kaufen könnte.

«Wenn Se's schaffen», sagte er.

Ich deutete das fälschlicherweise als Zeichen seiner Bereitschaft, mich aus- und wieder einsteigen zu lassen, und schaffte es nicht. Er fuhr weiter, bevor der zögerliche Automat Karte und Wechselgeld freigegeben hatte. Auf dem Rückweg hatte ich zwar eine Fahrkarte, musste aber wieder ohne Ventil nach Hause schieben. Die Abgeklärtheit geriet weiter ins Wanken. Das verdirbt einem schon etwas den Spaß an öffentlichen Verkehrsmitteln, den ich mir mit so viel Selbstbetrug eingeredet hatte.

Mir schenkte dann eine wohlmeinende Seele zwei Ventilschlösser, um mich zu trösten. Ventilschlösser. Dass das nur den gegenteiligen Effekt haben konnte, wird man leicht verstehen. So ein Produkt. Dass es tatsächlich einen Hersteller gibt, der sich davon Gewinn verspricht! Abgesehen von ihrem deprimierenden Effekt erkannte ich in ihnen nach einigem Nachdenken eine Herausforderung, um Tokyo auf die Probe zu stellen. Ziemlich zu Recht steht die Stadt im Ruf, dass es nichts gibt, was es dort nicht gibt. Aber jetzt hatte ich den Artikel gefunden. Inzwischen wieder einmal dort, habe ich intensiv gesucht, von dem kleinen Fahrradhändler Ishida am Bahnhof, der mir immer die Kette schmierte, bis zur Zubehörspezialabteilung bei Tokyo Hands, dem großen Do-it-yourself-Warenhaus, habe ich mir die Hacken abgelaufen, vergeblich. Ein Ventilschloss ist in ganz Tokyo nicht zu kriegen. Wofür sollte es auch gut sein! Auf diese Frage findet man im noblen Vorort schnell eine Antwort. Dass die Schüler ihr Fahrrad nicht im Keller der eigenen Schule abstellen sollen, weil sonst die Wahrscheinlichkeit groß ist, dass sie es ohne Klingel, Lampe, Sattel, Vorderrad oder überhaupt nicht wiederfinden, las ich in einem Schulbuch. Dem Sohn blieb es überlassen, an seinem Fahrrad zu erfahren, wie begründet dieser Tipp war.

Und der Fernverkehr mit dem Zug? Davon anzufangen ist gehässig, das gebe ich zu. Über den Rand seines Kaffeebechers hinweg schaut der Verkäufer am Schalter des so genannten Reiseservice der Deutschen Bahn mich mit hochgezogenen Brauen an. Ansprechen und nach meinen Wünschen fragen kann er mich nicht, weil er den Mund voll hat.

«Nach Hamburg, hin und zurück», sage ich. Noch ein Schluck Kaffee, aber ich kriege meine Fahrkarte.

Die Dame am Schalter nebenan hat eine gesprächigere Bedienung.

«Ich möchte die Fahrkarte hier zurückgeben.»

«Geht nich, hab kein Geld in der Kasse», sagt die Verkäuferin in der blauen Bluse.

«Wie soll ich das verstehen? Sie können doch nicht erwarten, dass ich mich jetzt nochmal an 'ner anderen Schlange anstelle», sagt die Kundin.

«Heute kommen alle und bringen mir ihren Müll! Ich hab kein Geld in der Kasse.»

«Wie bitte?» Offenbar geübt im Umgang mit der Deutschen Bahn, ist die Dame sehr viel reaktionsschneller, als ich es an ihrer Stelle gewesen wäre.

«Hoffentlich macht Herr Mehdorn weiter mit dem Personalabbau», sagt sie.

Der Service am Schalter entspricht der übrigen Leistung des ehemaligen Staatsbetriebs. Hat doch die Stiftung Warentest der Deutschen Bahn bescheinigt, dass sie die eine Hälfte ihrer Kunden über den Tisch zieht und die andere nicht zu dem versprochenen Zeitpunkt ans Ziel bringt. Da nicht jeder Zweite zu viel bezahlt und auch nicht jeder Zweite zu spät kommt, muss es also so manche geben, denen für Unpünktlichkeit auch noch überhöhte Preise abgenommen werden. «Pünktlich wie …» Wer diesen Ausdruckstorso in Gedanken mit «die Eisenbahn» ergänzt hat, ist, wette ich, mindestens schon in den besten Jahren, wie man so freundlich von der präsenilen Lebensphase sagt. Die Jüngeren können sich unmöglich daran erinnern, dass das mal sprichwörtlich war. Neben mir im Zug saß eine Dame und telefonierte. «Der Zug hat natürlich Verspätung, aber ich komme, keine Sorge.» «Natürlich», sagte sie, ich habe es genau gehört. Am Hauptbahnhof in Köln, wo ich verabredet war, hängt an der Domseite weithin sichtbar eine große Uhr. Sie ging um eine Stunde und vierzehn Minuten nach. Die eine Stunde vermutlich wegen der nicht beachteten Sommerzeit; die kann man sich ja selbst dazudenken. Und was die zwölf Minuten betrifft, hat etwa irgendjemand keine Armbanduhr? Außerdem, warum sollte die Uhr pünktlicher sein als die Züge?

Als ich zum ersten Mal in Indien war, als Student vor vielen Jahren, fragte ich am Bahnhof in Amritsar, der goldenen Stadt der Sikhs an der pakistanischen Grenze, wann der nächste Zug nach Neu Delhi fahre. Am Nachmittag, sagte der Mann am Schalter ohne Zögern. Eine ehrliche Antwort. Das also, dachte ich mir damals, das ist es, was man mit Dritte Welt, Nord-Süd-Gefälle und so weiter meint. In Japan kommt es in den Nachrichten, wenn ein Zug Verspätung hat. Indien ist nicht Japan, aber auch in Indien fahren die Züge heute pünktlicher als damals, einmal ganz abgesehen davon, dass man sich dort auf der Informationsautobahn mit selbst gebauter Software recht wendig bewegt. Entwicklung. Leider ist in den Theorien der Entwicklungsökonomen und Soziologen nur selten vom Gegenteil die Rede. Es fehlt selbst ein gängiger Begriff. Rückentwicklung, Degeneration, Verfall? Die Deutsche Bahn spricht von der planmäßigen Ankunft eines Zuges, was eine Umschreibung für Ungewissheit ist. Es heißt so etwas wie vormittags oder am frühen Abend. Als ich nach Amsterdam fuhr, um mir im Rijksmuseum die Ausstellung über die japanische Besetzung Niederländisch-Ostindiens 1942 bis 1945 anzusehen, kam ich in letzter Minute auf den Bahnsteig gehetzt, da die Lokalbahn, die mit dem launischen Fahrkartenautomaten, mehr als gewöhnlich verspätet war. Da selbst die planmäßige Abfahrt des Zugs nach Amsterdam nirgends angezeigt war, fragte ich den erstbesten wartenden Passagier auf dem Bahnsteig, ob er vielleicht schon abgefahren sei. Nein, schrie der beinah auf, was ich denn dächte! Er müsse jeden Morgen mit diesem Zug fahren, zur Arbeit! Jeden Morgen käme der IC zu spät! Darauf könne man sich verlassen! Was für Unannehmlichkeiten das für ihn bedeutete, musste er mir dann erzählen – und war nicht mehr zu bremsen. Ich ersehnte jetzt wirklich die Ankunft des Zuges, da ich gern über die Korruption in der CDU in der Zeitung lesen wollte. Wenn der Zug endlich käme, wäre ich, ohne unhöflich zu sein, vom Zuhören entbunden, da ich einen reservierten Platz hatte. Es blieb mir aber nicht erspart, alles über die Briefe zu hören, die der Don Quijote vom Niederrhein vor einiger Zeit begonnen hatte, regelmäßig an die Bahn zu schicken, um Genugtuung zu fordern, bisher ohne Antwort. Der Passagier, erregte er sich, müsse sich an die Beförderungsbedingungen halten, der Monopolist nicht. Seine Empörung war ein Stück kollektiver Erinnerung an eine Zeit, als die Assoziation von Eisenbahn und Zuverlässigkeit noch etwas wert war. Dass das hierzulande nicht mehr der Fall ist, springt noch mehr in die Augen, wenn man nicht den langsamen Niedergang mitgemacht hat und feststellt, dass Erinnerungen nicht mehr mit der Wirklichkeit übereinstimmen. Nicht sehr charmant, aber wenigstens pünktlich, so war es einmal. Wenn man aus einem Land kommt, in dem Nah- und Fernverkehr in sauberen Zügen schnell und pünktlich vonstatten geht, Fahrkartenautomaten funktionieren und Bahnangestellte sich selbst für minimale Verspätungen entschuldigen, als gestünden sie persönliche Verfehlungen ein, fallen die Defizite noch schmerzlicher auf. Von vielen werden sie hier inzwischen achselzuckend unter «Faktor Mensch» verbucht. Davon, dass man sein Leben riskiert, wenn man mit der Deutschen Bahn fährt, gar nicht zu reden. Wem kann man es verübeln, wenn er sich für die offensichtliche Alternative entscheidet, das Auto?

Nicht, dass man mit dem Auto sein Leben nicht aufs Spiel setzt. Die Dichte der Autos in der Bevölkerung ist in Deutschland und Japan gleich, die Zahl der Verkehrsunfälle in Deutschland aber dreimal so groß. Darin spiegeln sich zwei Unterschiede, einerseits die Tatsache, dass in Deutschland mehr Unfälle passieren, und andererseits die, dass mehr Unfälle von der Polizei registriert werden, da die Bereitschaft, sich bei einem kleinen Kratzer gütlich zu einigen, geringer ist als in Japan. In Japan wird bei Unfällen nach einem sehr einfachen Prinzip entschieden: Wer dem anderen reinfährt, ist schuld. Es zwingt zu defensivem Fahren. Unterstützt wird es durch öffentliche Kampagnen, die zur Beachtung der *mana*, der guten Manieren, aufrufen. Ohne Unfälle geht es auch in Japan nicht ab, aber die allgemeine Atmosphäre auf der Straße ist viel entspannter und vor allem weniger aggressiv. Darüber, dass Manieren auch auf der Straße gelten sollen, besteht weit reichender Konsens. In Deutschland ist beides nur schwer vorstellbar; das genannte Prinzip, weil es für jeden Michael Kohlhaas mit seiner Rechthaberei ein Schlag ins Gesicht ist; der öffentliche Appell an Manieren, weil es keine Instanz gibt, die ihn glaubwürdig aussprechen könnte, und weil er als lächerliche, wenn nicht gar unzulässige Bevormundung empfunden würde, und zwar nicht nur vom harten Kern der gemeingefährlichen Fahrer. Zu schnelles, ruppiges Fahren ist die Regel. «Sportlich», «spritzig» oder «flott» heißt es in Volksmund und Werbung.

Die Rowdys, Männer sind es zumeist, die ihr Auto als Projektil benutzen, sind tatsächlich nur ein paar Prozent aller Autofahrer. Das hört sich so schlimm nicht an.

Aber wenn man daran denkt, wie vielen Autos man selbst auf der kürzesten Fahrt begegnet, kann man sich kaum je in Sicherheit wiegen. Auf deutschen Straßen fühlt sich niemand wohl, der die dort herrschende habituelle Brutalität nicht gewöhnt ist. Das ist allgemein bekannt und Gegenstand von Talkshows im Fernsehen. Es wird allerdings oft unterstellt, dass das mehr mit Autos als mit dem Umgang der Menschen zu tun habe, dass friedliche Bürger zu Bestien würden, sobald sie einen Gashebel unterm Fuß haben. Mein Verdacht ist jedoch, dass die Autofahrer, die in Lichthupe, geschüttelter Faust, gezeigten Vögeln und dergleichen angemessene Zeichen des Unmuts sehen, wenn sich andere an die Geschwindigkeitsbegrenzung halten, auch außerhalb des Straßendschungels im zivilen Leben nicht viel Wert auf Entgegenkommen und Rücksicht legen. Die Kinder jedenfalls hatten die Grundregel der deutschen Straße schnell internalisiert: Fahr schneller, verlangten sie schon nach einigen Wochen am Niederrhein, sobald sich der Abstand zum vorausfahrenden Auto vergrößert, was meistens der Fall ist. Anders als ihr Vater gehen sie mit der Zeit: Der auf dem Tachometer ausgetragene Generationenkonflikt zieht unausweichlich am Horizont herauf.

Das Auto treibt die Entwicklung der menschlichen Rasse voran, zumindest verändert es die Gesellschaft. Das ist kaum von der Hand zu weisen. Aber was ist Ursache, was Wirkung? Hat die Gesellschaft das Auto oder das Auto die Gesellschaft, der Mensch die Technik oder sie ihn geformt? Über Jahrzehnte war das Auto Gegenstand der wichtigsten Industrie, einträglichstes Exportprodukt und Liebling der Familie. Das kann man ähnlich auch von Japan sagen, aber die Spuren, die das hinterlassen hat, sind andere. Nicht nur, dass man dort keinen Autokanzler gewählt hat. In viel größerem Maße als Japan ist Deutschland heute eine Autokultur. Wichtiger als die Informationsautobahn sind hier immer noch die richtigen. Sie sind Deutschlands ganzer Stolz, der Japans sind die Hochgeschwindigkeitsstrecken. Deutschland hat auf die Straße gesetzt, Japan auf die Schiene. Das entspricht nicht nur unterschiedlichen wirtschaftlichen Akzentsetzungen, sondern auch soziokulturellen Orientierungen: Auto ist Eigennutz, Zug Solidarität. Die Anonymität des Autofahrers ist eine andere als die des Zugpassagiers. Der Autofahrer ist durch einen Blechkordon in seine Privatsphäre gehüllt. Die ebenso umhüllten anderen Autofahrer stehen zwischen ihm und seinem Ziel. So gestaltet sich nur allzu oft das Verkehrsverhalten in Deutschland: Die anderen sind die Feinde. Platz da, jetzt komme ich. Im Zug haben alle Reisenden das gleiche Ziel. Wenn einer pünktlich ist, sind alle pünktlich. Alle haben ein gemeinsames Interesse. Im Straßenverkehr ist das zwar an sich genauso, aber anders als im Zug hat der Einzelne die Möglichkeit eines tatsächlichen oder vermeintlichen Vorteils für sich: Nötigung, Gedränge, Raserei. Die Autofahrt ist einsam, die Zugreise gesellig. Die Bahnfahrt egalisiert, die Autofahrt hierarchisiert. Der Autofahrer beschleunigt sein Vehikel nach Belieben und bringt es ebenso zum Stehen. Das Reisen im Zug ist passiv. Der Autofahrer ist frei – Freie Menschen, freie Fahrt! –, kann selbst entscheiden, ob er sich dem Rausch der Geschwindigkeit hingibt oder Moderatheit walten lässt. Der Bahnreisende ist ein armer Gefangener, der nicht den geringsten Einfluss auf das Tempo des Zuges ausüben, nicht selbst entscheiden kann, wann er hält, oder verhindern, dass er aus den Gleisen springt. Ein Opfer ist er, dem jede Entscheidungsmöglichkeit genommen ist.

Allein stimmt alles dies nur in der Theorie und nicht in der Wirklichkeit. Wenn ich in Tokyo irgendwohin gehe, brauche ich nur im Internet nachzusehen, wie lange es zum Zielbahnhof dauert, dann weiß ich genau, wann ich aus dem Haus gehen muss, um zu einem bestimmten Zeitpunkt dort zu sein. Den Fahrplan brauche ich nicht zu konsultieren, da die Züge im Ein- bis Zweiminutentakt fahren. In westlichen Medien zeigt man gern, wie Tokyoter Pendler in übervolle Züge gequetscht werden. Da lob ich mir doch meinen PKW! Dass das eine Randerscheinung ist, dass es in ganz Deutschland kein Nahverkehrssystem gibt, das auch nur annähernd so effizient, zuverlässig, bequem und sauber ist wie das von Tokyo, wird nur selten berichtet. Das Auto ist dazu überhaupt keine Alternative, in Japan ebenso wenig wie in Deutschland. Als Passagier der Tokyoter U- und S-Bahnen bin ich ein freier Mensch, kann aus dem Haus gehen, wann es mir gefällt, weiß ich doch mit großer Sicherheit, wann ich wo sein werde. Mit dem Auto am Niederrhein kann ich, wenn ich nur die Entfernung kenne, keinesfalls wissen, wann ich ankomme. Morgens muss ich vor einem bestimmten Zeitpunkt auf der Straße sein, wenn ich nicht in einen Stau kommen will. Und der Stau, der unvermeidlich kommt, egalisiert. Ein einziger idiotischer Fahrer kann mit einem Unfall Hunderte lahmlegen. Der freie Autofahrer wird unversehens zum Gefangenen, was die Wahrnehmung, dass die anderen Autofahrer die Feinde sind, nur verstärken kann. Was einmal ein Mittel der Befreiung, der individuellen Mobilität war, ist zu einem sozialen Problem geworden, das die Optionen der gesellschaftlichen Gestaltung erheblich einschränkt. Erinnert das an das saubere Auto? Als solches wurde es einst in seiner Frühzeit willkommen geheißen, weil die mehreren Pferdestärken, die sein Motor zügelte, die Straßen nicht so verdreckten wie eine einzige. So weit voraus nur reicht unsere Einschätzung einer Segen verheißenden Neuerung, und so gering sind unsere Möglichkeiten, uns den Zwängen der Kultur zu entziehen.

Schiene und Autobahn, Tankstelle und Bahnhof sind Orte der Kultur, deren Bedeutung für die Gesellschaft kaum überschätzt werden kann. Die Prinzipien des Verkehrs der Menschen miteinander werden hier konkret. Nachdem ich den Nahverkehr am Niederrhein ein halbes Jahr lang erprobt hatte, trank ich wieder in Tokyo in einem Stehcafé von Doutor einen Cappuccino. Das Café ist am Südausgang des Bahnhofs Shinjuku, innerhalb der Sperre auf Straßenebene, von wo aus sieben Treppen zu den vierzehn Bahnsteigen hinabführen, die von hier aus zu erreichen sind. Während ich auf mein Rendezvous warte, sehe ich mich um. Ich blicke auf eine Apotheke vor der Treppe zum Bahnsteig Nr. 10. Zwischen ihr und mir ist die *Moshimoshi koonaa,* die Hallo-Ecke, wo man telefonieren kann. 31 Telefone zähle ich, die Hälfte davon mit Modemanschluss. Rechts davon kann ich eine Konditorei sehen, ein Nudelrestaurant und einen *Bentoya-san,* einen Verkaufsstand für Reiseproviant. Wenn ich mich etwas nach links drehe, kommen 20 automatische Sperren in mein Blickfeld, durch die die Menschen in stetem Strom das gleißend hell erleuchtete und blitzend saubere Stationsterritorium betreten und verlassen. Daneben sind sechs Nachzahlautomaten, in denen man seine Fahrkarte anpassen kann, falls man beim Einsteigen zu wenig bezahlt hat. In meinem Rücken sind noch fünf automatische Sperren, zwei weitere führen direkt in das Kaufhaus Lumine. Der Menschenstrom bewegt sich wie von unsichtbarer Hand geleitet, ohne zu stocken, schnell, aber ohne Hast. Hunderttausende gehen hier täglich durch. Der Südausgang ist einer von drei Ausgängen des Bahnhofs Shinjuku, einer von zig vergleichbaren in Tokyo. Über dem Cappuccino das geschäftige und effiziente Treiben um mich herum beobachtend, wurde mir pötzlich klar, dass es in ganz Deutschland keinen einzigen so modernen und so gut funktionierenden Bahnhof gibt.

## SCHÖNEN TAG NOCH!

Seit wann sie das tut, weiß ich nicht, aber die Kassiererin im Supermarkt sagt es immer zu mir: «'n schönen Tag noch», wenn ich bei ihr bezahle. Vor zwanzig Jahren sagte das nie eine Kassiererin zu mir. Jetzt gehört es zum Repertoire. Zu dem Kunden vor mir sagt sie es auch, zu dem, der nach mir kommt, vermutlich auch. Es klingt routiniert, aber nicht recht überzeugend. Nicht, dass ich etwas dagegen hätte, dass mir ein schöner Tag gewünscht wird, wer hätte das schon; aber irgendetwas fehlt. Die Kassiererin schaut mich nicht an, wenn sie es sagt. Da ist nichts von Selbstverständlichkeit. Keine Spur von eingeschliffener guter Form. «'n schönen Tag noch» hört sich vielmehr so an, als würde sie auftragsgemäß handeln. In einem Schulungskurs hat sie das gelernt, oder vielleicht hat die Geschäftsleitung Wind davon gekriegt, dass Formen das Image des Geschäfts prägen, und dem Personal befohlen, zu jedem Kunden «'n schönen Tag noch» zu sagen. Schulungskurse in Umgangsformen und Liebenswürdigkeit wären zwar bitter nötig, jedenfalls im niederrheinischen Vorort (wie auch in der Stadt, dessen Vorort er ist), aber wenn es denn solche Kurse gibt, worauf manche Anzeichen hindeuten, zeitigen sie noch nicht den gewünschten Effekt. Die Normalität der guten Form fehlt, und nicht nur im Supermarkt. Dieser neue Gruß aus dem Mund der Supermarktkassiererin wirkt weder so, als sei er ihr zur zweiten Natur geworden, noch lässt er vermuten, dass die Kassiererin vom Sinn und Nutzen solcher Äußerungen überzeugt sei. Eine neue Floskel, ein Klischee, und das ist im Deutschen eher etwas Negatives.

Um das, was fehlt, zu beschreiben, fehlen fast die geeigneten Worte. Nur fast, denn es gibt sie ja; aber die deutschen Vokabeln, die wir für richtiges Betragen haben, wirken alle altfränkisch, um nicht zu sagen voll uncool. Schon das Wort Betragen buchstabiert sich nicht ohne Fingerkrämpfe in die Tastatur, evoziert es doch sofort den erhobenen Zeigefinger. Viel schlimmer noch sind die Adjektive: geziemend, schicklich, gehörig, anständig, gebührend, sittlich, gesittet, tugendhaft, züchtig, wohlerzogen, manierlich, höflich. Wer, bitte schön, benimmt sich geziemend oder will sich auch nur geziemend benehmen? Können Eltern ihre Kinder, können Lehrer ihre Schüler zu einem mit diesen Wörtern beschriebenen Verhalten auffordern oder sie nach ihrer Kinderstube fragen, ohne sich lächerlich zu machen? Die Sprache der Etikette ist unmodern und damit die Etikette selber. Man hat vergessen, was Etikette ist. Die Flut von Büchern, vom «Guten Benehmen im Betrieb» bis zum «Neuen Knigge für alle Lebenenslagen», die in den letzten Jahren erschienen sind, widerspricht dem nicht, sie bestätigt diesen Befund. Ein Glück, sagen dazu noch immer viele, man hat sich von all den zwanghaften Formen befreit. Statt Halsbinde Schillerkragen; noch einmal Sturm und Drang! Eine weniger angstbeherrschte Generation ist herangewachsen, die sich nicht vor Betragensnoten duckt und ihre Kreativität ungegängelt entfalten kann, ein Glück, in der Tat!

Doch ist dieses Glück nicht ganz ungetrübt. Es hat sich nicht spontan eingestellt, vielmehr erklingt in der Aufgabe der guten Form noch immer ein Echo der Kakophonie, die von 1933 bis 1945 durch deutsche Lande hallte, gebrochen durch die Protestgesänge von 68. Die vom Konflikt zwischen der Nachkriegsgeneration und ihren Eltern, Notstandsgesetzen, großer Koalition und Vietnamkrieg als Katalysatoren ausgehende kritische Bewegung, die letztlich zu einer antiintellektuellen Rebellion aus dem Bauch verkam, fand ihre markanteste Stimme in der Ablehnung überkommener Formen. Kein wirkungsvolleres Mittel gab es, dem als unmoralisch dekuvrierten Establishment, das ein ehemaliges Mitglied der NSDAP zum Bundeskanzler machen konnte, zu zeigen, dass man nichts mit ihm zu tun haben wollte, als die radikale Ablehnung «seiner» Formen. Dahinter stand das Gefühl – ein Gefühl sicher mehr als ein klarer Gedanke –, dass Formen nur der Abschirmung dienten: «Unter den Talaren der Muff von 1000 Jahren.» Solche Parolen, die die rigide Tradierung alter Formen ebenso anklagten wie die Kontinuitäten des nicht gar so lange zurückliegenden tausendjährigen Reiches, waren intelligent, machten Spaß und zogen deshalb. Die Dynamik, der sie Ausdruck gaben, war mitreißend, die provozierende Wirkung der gezielten Formverletzung enorm. Gute Formen waren repressiv und dienten nur der Stützung autoritärer spieß-, nein, scheißbürgerlicher Strukturen. Die Zerschlagung der

Formen war der erste Schritt zur Erlösung. Nicht mehr geknechtet von den Geboten der ebenso unzeitgemäßen wie unehrlichen Etikette, die nur Sittlichkeit vortäuschten, wie es auch im Dritten Reich möglich war, würden autonomere Charaktere und eine freiere und demokratischere Gesellschaft entstehen, deren Mitglieder sich nicht durch das Diktat der guten Sitte manipulieren ließen. Denn die gute Sitte war nicht gut, im moralischen Sinne.

Im Namen der Rechtsordnung hatten die Nazis die Gerechtigkeit geschändet. Die gesellschaftsleitende Kraft der symbolischen Form kannten sie genau, Heil Hitler. Jedwede Form als Mittel der Unterdrückung zu verdächtigen war vor dem Hintergrund dieser Erfahrung nicht unbegründet, sein Heil in der Formlosigkeit zu suchen nur plausibel. Denn nicht die Form war es, worauf es ankam, sondern der Inhalt. Hierin lag ein Widerspruch, der nie aufgelöst wurde: Das eigentlich Wichtige war der Inhalt des Verhaltens und nicht seine Form, aber dennoch galt es die überkommene Form zu zerstören in der Erwartung, durch den Befreiungsschlag etwas zu bewirken. Zurückgeblieben ist ein gebrochenes Verhältnis zur Form, die aus zumeist vergessenen Gründen generell suspekt ist. Die Aufbruchstimmung, die 1968 herrschte, war bald verflogen, und viele der Neuerungen, die sich damals durchsetzten, wurden wieder zurückgenommen. Aus der momentanen Unordnung ging die alte Ordnung wieder hervor, mit relativ geringfügigen Veränderungen.

Dennoch ist der Impuls, den wir mit der Chiffre 1968 bezeichnen, keineswegs folgenlos verpufft. Es war eine

Eruption mit Langzeitwirkung: Die antiautoritären Erschütterungen der Gesellschaft sind noch heute fühlbar, weil es nur unvollkommen gelang, korrumpierte Formen durch andere zu ersetzen. Disziplinlosigkeit bedarf heute keiner Entschuldigung mehr. Die Eltern in der niederrheinischen Nachbarschaft haben die Segel gestrichen. Erziehung findet nicht statt, jedenfalls nicht mit erkennbarer Wirkung. Mindestens die Hälfte der Kinder, die zum Spielen kommen, sind völlig unerzogen, wenn auch fröhlich und nett und sicher sehr kreativ. Den Eltern fehlt die Zeit, die Sicherheit oder der Wunsch, ihren Kindern Manieren beizubringen und anders als ad hoc auf unakzeptables Verhalten zu reagieren. Die Lehrer wünschen sich großenteils mehr Disziplin, sind aber allein gelassen mit der Aufgabe, sie durchzusetzen. Rund dreißig Prozent der Jugendlichen kommen nach einer Studie des kriminologischen Forschungsinstituts Niedersachsen gelegentlich bis häufig bewaffnet in die Schule. Das ist Teil einer fatalen Entwicklung, die auch weniger dramatisch erscheinende Aspekte hat. Der Zerfall von Formbewusstsein und Disziplin gehört dazu. Wer pünktlich ist, ist ein Faschist. Diese Diktion ist zwar auch aus der Mode gekommen, aber dass ein Wertewandel stattgefunden hat, ist unverkennbar. Eine mit Geldern der EU finanzierte Untersuchung der Universität Oxford verglich, wie Manager in Großbritannien, Frankreich, Deutschland, Bulgarien, Polen und Tschechien mit der Zeit umgehen. Die Deutschen, einst für ihre Pünktlichkeit gerühmt und belächelt, waren die Lässigsten, hatten gegenüber Unpünktlichkeit die größte Toleranz. Ist es weit hergeholt, darin eine Folge von 1968 zu erblicken? Pünktlichkeit, Korrektheit, gute Organisation, Disziplin, Folgsamkeit waren im Angesicht des Schreckens der Züge, die unter Einhaltung aller Vorschriften in die Vernichtungslager fuhren, zu Rezepten für die Kaschierung moralischen Versagens geworden. Eine antiautoritäre Erziehung empfahl sich denen, die 1968 über Kinder und Zukunft nachdachten, als Gewähr dafür, dass die Gesellschaft nicht noch einmal auf einen so verhängnisvollen Abweg geraten würde wie den, den zu beschreiten die Generation ihrer Eltern nicht verhindern konnte oder auch wollte. Die Ohrfeige, die Beate Klarsfeld Bundeskanzler Kiesinger versetzte, saß. Es gab Gründe, den Repräsentanten des Staates, der das Erbe des Dritten Reichs noch nicht verdaut hatte und an der «Unfähigkeit zu trauern» krankte, ins Gesicht zu schlagen. Dass die duckmäuserische Einhaltung von Regeln, Vorschriften und Formen in Deutschland ein größeres Problem war als ihre Missachtung – wer hätte dem 1968 nicht zugestimmt?! Kaum jemand jedenfalls von der «kleinen radikalen Minderheit», der jede Abgeklärtheit fehlte, die aber gerade deshalb den öffentlichen Diskurs damals beherrschte.

Die «kleine radikale Minderheit» hat sich in mancher Hinsicht durchgesetzt, mehr als erwartet vielleicht und auch bei denen, die nie mit ihr sympathisierten oder nicht einmal von ihrer Existenz erfahren haben. Zu der Diskreditierung von Form und Förmlichkeit, die heute so fühlbar ist, hat sie willentlich beigetragen, sicher ohne alle Folgen zu antizipieren. Zu der ständig und überall zu beobachtenden Missachtung von Gesetzen und Regeln auch. Auf die Provokation der Antiautoritären, die sich gegen die bürgerliche Ordnung in toto richtete, fand diese keine glaubwürdige Antwort. Stattdessen: Aussitzen. Viele Regeln des verbindlichen Umgangs sind dabei ausrangiert worden. Differenzierte Grußformen etwa sind dem allgemeinen einförmigen Hallo gewichen. Die richtige Form für eine Gesellschaft, in der Förmlichkeit nichts, Höflichkeit wenig gilt. Über den angelsächsischen Einfluss, der hier zur Geltung kommt, sind sich die meisten Hallosager ebenso wenig im Klaren wie bei «'n schönen Tag noch», das sein amerikanisches Modell kaum verleugnen kann, have a nice day. Gegen einen solchen Einfluss wäre nicht unbedingt etwas zu sagen, wenn die ihm geschuldete Formlosigkeit mit Herzlichkeit, Offenheit und Ansprechbarkeit einherginge wie vielfach in Amerika. Das ist jedoch nur selten der Fall. Formlosigkeit hat mehr zu Unsicherheit als zu Ungezwungenheit geführt. «Weißt du, was die Austernpilze kosten, Frau Wagner», fragt die Verkäuferin ihre Kollegin, weil sie nie gelernt hat, sie Christa zu rufen, obwohl sie seit zehn Jahren mit ihr zusammenarbeitet. Das solidarische Du ist da, der Gebrauch des Vornamens nicht, weil es dafür im Deutschen eines Vertrages mit Handschlag bedarf, es sei denn, man kennt sich aus der Kindheit.

Sehr deutlich ist hier der Kontrast mit den westlichen Nachbarn. In den Niederlanden ist der Verzicht auf Förmlichkeit und steife Benimmregeln noch weiter fortgeschritten als in Deutschland, konsequenter aber in mancher Hinsicht und weniger krampfhaft. Wenn man sich auch nur ein bisschen kennt, duzt man sich und nennt sich Piet und Josine. Um diesen Schritt zu vollziehen, muss man nicht erst Bruderschaft trinken. Wenn ein Mann eine weibliche Kollegin duzt, setzt er sich nicht dem Verdacht aus, ihr Avancen zu machen. Andererseits gibt es wie im Französischen noch das intime Sie, viel Differenzierung und Flexibilität also. Damit einem die Rigidität des deutschen Sprachgebrauchs auffällt, braucht man ihn nicht mit dem englischen zu vergleichen. In den romanischen Ländern ist die informelle Anrede inzwischen auch viel verbreiteter als im deutschsprachigen Raum und der Übergang von der einen zur anderen Form ungezwungener. In Deutschland sehnt man sich nach vertraglicher Sicherheit.

Die Vorliebe für Kommandos und Vorschriften, die 1968 im Mittelpunkt der Kritik stand, ist immer noch allgegenwärtig. Wenn man sich auf einen Paragraphen berufen kann, ist alles in Ordnung. An einem Sonnenschirm im Restaurant steht: Hier Platz nehmen. Daneben ein kleiner Pfeil, der nach unten auf einen Stuhl weist, der pflichtschuldig dasteht. Deutschland! Nichts deutet darauf hin, dass das als Witz gemeint ist. Immerhin weiß ich jetzt, wofür ich einen Oberbürgermeister habe:

> Fußweg zum Rhein
> Kein Winterdienst
> Der Oberbürgermeister

Auch das kein Witz.

Inzwischen darf man auch in Deutschland sonntags die Waschmaschine gebrauchen und abends duschen. Über beides hat ein Richter entschieden, wie der Zeitung zu entnehmen war.

Mit Said, dem Präsidenten des deutschen PEN-Clubs,

sprach ich bei einer Tasse Kaffee über Deutschland. Wir kamen darauf, als nebenbei ein Konzert vom Vorabend gelobt wurde, Musik von Luis Borda mit seinem gleichnamigen Cuarteto. Der Saal des Goethe-Instituts war in ein Tango-Café verwandelt worden, was so viel hieß, dass Stühle um runde Tische gruppiert waren, die eine rote Tischdecke und eine Kerze zierten. Wirklich bemerkenswert war das hauptsächlich deshalb, weil man, um dies ins Werk zu setzen, eine Genehmigung zur Veränderung der Bestuhlung brauchte und erhalten hatte. Deutschland!

Said ist beim Goethe-Institut seit Jahren ein oft gesehener Gast. Aber mit einer Dame dort führt er seinen persönlichen Kleinkrieg, wie er mir erzählte.

«Haben Sie einen Ausweis?», fragt sie ihn jedes Mal, wenn er kommt.

Said kennt die Dame gut und sie ihn. Er hat noch nicht vergessen, dass ein Ausweis nicht überall auf der Welt lebensnotwendig ist. Nicht überall ist man so staatsgläubig, paragraphenversessen und ausweisfreudig wie hierzulande, wo manche Menschen sich effektiv halb nackt oder schuldig oder beides fühlen, wenn sie sich ohne Ausweis aus ihrem Schlafzimmer entfernen.

«Nein», sagt Said deshalb zu der Dame.

«Dann haben wir ein Problem», sagt die Dame dann jedes Mal.

«Wir nicht», sagt Said, «Sie vielleicht, aber ich habe keins.»

«Aber nächstes Mal bringen Sie einen mit», sagt die Dame dann bittend, und Said lächelt sie an.

Für alles und jedes gibt es Regeln, Vorschriften, Richtlinien, Statuten, Normen, Verwaltungsbestimmungen, Durchführungsverordnungen, Erlasse. In immer mehr Bereichen werden Vorschriften erlassen, aber in gleichem Maße immer weniger befolgt. Alle Regeln werden ständig verletzt. Vom rechts Überholen bis zur Steuerhinterziehung im Kanzleramt manifestiert sich überall die Bereitschaft des Einzelnen, sich über kollektive Verbindlichkeiten hinwegzusetzen. In Deutschland ist das schlimm, denn neben den festgezurrten Regeln gibt es wenig Konsens über moralische Prinzipien, die greifen, wenn das Regelwerk versagt. Es fehlt das Selbstvertrauen, auch wenn es keine expliziten Regeln gibt und die staatliche oder sonst eine Autorität nicht vermittelt, das Richtige tun zu können. So konnten Vorschläge zu lächerlichen Veränderungen eines geregelten Lebensbereichs zum Gegenstand eines Glaubenskriegs werden, der vor den Gerichten bis zur obersten Instanz ausgetragen werden musste: die Orthographiereform. Deutschland!

Wenn es keine Vorschriften gibt, droht nicht nur das Chaos; der raue Umgangston, der dem Zugereisten so oft auffällt, lässt den Eindruck entstehen, dass nur Vorschriften zivilisiertes Verhalten aufrechterhalten können. Die Kassiererin kann zu jedem Kunden «'n schönen Tag noch» sagen, aber sie beherrscht keine Formen für einen zivilen Umgang. «'n schönen Tag noch» ist nur ein hauchdünner Film. Sobald etwas den normalen Gang der Dinge stört, kommt darunter die gewöhnliche Pampigkeit zum Vorschein und die subkutane Aggressivität, die von der unausgesprochenen Voraussetzung zeugt, dass der andere schuld ist, wenn etwas nicht so geht, wie es soll.

Der Strichcodeleser produziert eine zu hohe Rechnung. Dem Kunden fällt das indiskreterweise auf. Er ist zu allem Überfluss auch noch unüberseh- und -hörbar ein Ausländer. Die Kassiererin wirft ihm einen Blick zu: «Wie lästig!» Nach zehn Minuten, die er gewartet hat: «So, junger Mann», wird dem sicher Vierzigjährigen der Differenzbetrag ausgehändigt, als hätte er nicht nur den Betrieb aufgehalten, sondern auch ein reichlich fragwürdiges Verhalten an den Tag gelegt.

Ganz wie ich. Brombeeren wollte ich kaufen und noch ein paar Kleinigkeiten.

«Sind die Schalen soo voll?»

Ich hörte, was die Kassiererin sagte, jedenfalls dass sie etwas sagte, bezog das aber nicht auf mich, da sie vor sich hin murmelte.

«Sind die Schalen wirklich so voll?»

Ich war bereits dabei, das Geld aus dem Portemonnaie zu nehmen, als sie ihre Frage wiederholte, deren Bedeutung ich erst begriff, als ich es hingelegt hatte. Perplex ist kein Ausdruck für den Geisteszustand, der mich dabei überkam. Ich sollte selber in diebischer Absicht noch drei Brombeeren in die Plastikschale gelegt haben, statt noch eine zu kaufen! Die Mischung aus Verblüffung, Belustigung und Ärger über die Impertinenz, die sich ob dieses Gedankens bei mir einstellte, hinderte mich an einer angemessenen, ja, an überhaupt einer Reaktion. Ich ging wortlos.

Vielleicht ist die Kassiererin mit dem eigenwilligen Strichcodeleser und den Brombeeren ja trotzdem ein guter Mensch. Ebenso wie der Kunde wurde sie zum Opfer der Technik, die uns allen zu schaffen macht. Man darf nicht nach Äußerlichkeiten urteilen, in Deutschland jedenfalls nicht, denn da gibt es ja auch noch die Innerlichkeit. Nach dieser Maxime handelten auch die Etikettenstürmer von 1968. Wie die Verkäuferin verkörperten sie einen Strang deutscher Tradition, den Grobianismus. Raue Schale, weicher Kern; ungehobelt, aber im Herzen gut. Die Vorstellung von der grundsätzlichen Trennung von Tugend und Benimm, Ethik und Etikette, die hinter solchen Redeweisen steht, ist in beiden Fällen dieselbe. Darüber, wie deutsch, wie christlich-abendländisch die 1968 so prononciert vorgetragene Auflehnung gegen die Zwangsjacke der guten Form war, dachte damals niemand nach. Wieso auch, schließlich ging es um falsches Bewusstsein und um die Repressivität gesellschaftlicher Verhältnisse. Der politische Augenblick stand auf dem Programm, nicht die Kulturkritik. Die aber muss bemerken, dass die vermeintliche Kulturrevolution keine war, sich ihre Helden vielmehr auf recht ausgetretenen Pfaden bewegten, auf denen auch heute noch viel Verkehr ist.

Die Unterscheidung zwischen Wesen und Erscheinung, weichem Kern und rauer Schale ist hierzulande viel mehr ein Topos, hat mehr Plausibilität als in Japan, weil sie mit einem dualistischen Weltbild und einer transzendentalen, letztlich an den lieben Gott gebundenen Moral in Zusammenhang steht. Unter dieser Voraussetzung sind Verletzungen der Form entschuldbar, wenn sie einer guten Sache dienen, wie beispielsweise der Verbesserung der Welt, die 1968 anstand. In Japan ist es schwieriger, Form und Inhalt auf diese Weise auseinander zu nehmen, nicht zuletzt, weil es keinen lieben Gott gibt, der mit Röntgenaugen durch die harten Schalen hindurch die goldenen Herzen erkennt. Die

Kassiererin bei Seiyu in Hamadayama würde sich unter allen Umständen entschuldigen, obwohl die elektronische Fehlfunktion der Kasse ebenso wenig ihrer Kontrolle unterliegt wie der ihrer deutschen Kollegin. Das aber spielt gar keine Rolle. Sie würde sich auch entschuldigen, wenn der Kunde über seine eigenen Füße stolperte. Durch irgendetwas in dem Geschäft ist dem Kunden eine Unbequemlichkeit entstanden. Die Kassiererin ist diejenige, die mit ihm in Berührung kommt, deshalb ist selbstverständlich sie es, die sich bei ihm entschuldigt. Sie würde niemals darüber nachdenken, ob sie das tun soll oder nicht, da sie dem Kunden gegenüber immer eine entgegenkommende und potenziell apologetische Haltung einnimmt. Alles andere wäre ein schwerer Formfehler, keine Bagatelle also, sondern ein ernst zu nehmendes Fehlverhalten. Diese Rationalität ist gewiss nicht unverständlich, aber ihr gemäß wird in Deutschland seltener gehandelt als in Japan, jedenfalls im niederrheinischen Vorort. Statt Bedauern sprach aus dem Blick der Kassiererin und ihrem Verhalten gegenüber dem Kunden, der einen Fehler bemerkte, allein die feste Überzeugung, dass sie nichts falsch gemacht hatte, und Ärger über seine Impertinenz: Was wollen Sie eigentlich! Mit einer solchen Haltung kriegt man eine Entschuldigung schwer über die Lippen.

Selbstbewusst durchs Leben zu gehen ist ja sehr schön, aber der Grad zwischen selbstbewusst und selbstgerecht ist schmal. Wenn Selbstbewusstsein zu einer Haltung erstarrt, der zufolge Alternativen unmöglich oder nicht wünschenswert sind, ist das eher bedenklich. Wenn ich Handwerkern hier im Vorort zu verstehen gebe – schon habe ich es mir abgewöhnt –, dass es denkbar ist, einen Auftrag zur verabredeten Zeit auszuführen, Produkte zu liefern, die bestellt wurden, ja, dass das andernorts mit mehr als Zufallswahrscheinlichkeit geschieht, wird das bestenfalls mit einem ungläubigen Lächeln quittiert, praktisch nie mit dem Eingeständnis eigener Fehler oder gar einer Entschuldigung. Hier ist nie jemand schuld, wenn etwas schief geht, was beim käuflichen Erwerb von Dienstleistungen regelmäßig der Fall ist.

Die immer komplexer und anonymer gewordenen Wirtschafts- und Sozialbeziehungen der hoch entwickelten Industriegesellschaft haben hierzulande dazu geführt, dass die Bereitschaft, sich für das Handeln einer Korporation, der man angehört, verantwortlich zu fühlen, beständig geringer geworden ist. «Was kann ich denn dafür!» ist der Refrain. Dass das nicht so sein muss, wird selten wahrgenommen. Bei meiner Bank in Tokyo entschuldigt sich die Frau hinter dem Schalter nicht nur dafür, dass sie mich hat warten lassen, was gar nicht der Fall war, sondern selbst für den niedrigen Zinssatz. Das ist Kultur. Dafür kann ich mir auch nichts kaufen, wird am Niederrhein vielleicht mancher zu bedenken geben. Aber wie kurzsichtig ist das! Diese Form der Verbindlichkeit macht das Leben angenehm auf eine Weise, die freilich nicht auf Yen und Pfennig kalkulierbar ist.

Die hohe Kunst des Sichentschuldigens, ohne eine Schuld einzugestehen, die Entschuldigung um der guten Form willen, ist hierzulande weitgehend unbekannt. Sie wird nicht gepflegt, denn eine Entschuldigung birgt das Risiko, dass man für etwas verantwortlich gemacht wird, wofür man beim besten Willen nichts kann. Dieses Risiko scheut in Japan niemand, denn der Hauptzweck der Entschuldigung ist es nicht, seinen Kontostand von Schulden durch Entschuldung auszugleichen, sondern eine Störung zu reparieren, dem anderen anzuzeigen, dass man willens ist, die durch widrige Umstände, höhere Gewalt oder auch eigenes Versehen getrübte oder auch nur potenziell getrübte Beziehung wieder ins rechte Lot zu bringen. Das tut man durch ein Bekenntnis zur guten Form, die das Verhalten reguliert. Die zugrunde liegende Moral ist kontextuell und pragmatisch, nicht transzendental. Sie zielt auf das Miteinander hier und jetzt, nicht auf Abrechnung beim Jüngsten Gericht, wo sich herausstellen wird, wie schwer die begangenen Sünden wirklich wiegen. Es geht deshalb weniger darum, Recht zu behalten, als um eine ungetrübte angenehme Atmosphäre. Wer vor seinem Herrgott bestehen kann, schläft ruhig, da er nicht zu befürchten braucht, in die Hölle zu kommen oder, was aufs selbe hinausläuft, transzendentale Prinzipien zu verletzen. Wer aber die Hölle nicht kennt oder in seiner Kindheit nicht gelernt hat, sie zu fürchten, muss, um ruhig zu schlafen, vor allem vor seinen Mitmenschen bestehen können. Nicht Gott muss er fürchten, sondern die Nachbarn.

Wie oft haben sich meine Tokyoter Studenten bei mir entschuldigt, wenn sie zu spät kamen oder nicht gelesen hatten, was sie sollten! Immer waren ihre Entschuldigungen formvollendet und völlig inhaltsleer. Gründe für ihr Verhalten nannten sie nur in den seltensten Fällen. Zu spät zu kommen heißt, die Gebote der guten Form verletzen – etwas, da sind sich Studenten und Lehrer einig, das unter Studenten gelegentlich vorkommt. Die Entschuldigung aber signalisiert ihre Bereitschaft, diese Gebote trotzdem zu achten: Wir stehen immer noch auf dem gemeinsamen Fundament. Darauf kommt es an, und dahinter, darunter oder darüber gibt es keinen tieferen Sinn. Der einzige Inhalt ist die Form, deshalb kann man eins nicht vom anderen, die raue Schale nicht von dem weichen Kern trennen. Der ungeschliffene Diamant, ein Grobian mit gutem Herzen, ist keine japanische Figur. Dass die Brombeerverkäuferin im niederrheinischen Supermarkt möglicherweise trotzdem ein gutes Wesen hat, will man konzedieren: im Zweifel immer für die Angeklagte. Im Tokyoter Supermarkt sind entsprechende Zweifel weniger glaubhaft, denn der gute Charakter ist nicht etwas quasi Natürliches, dem man eine glatte Form geben kann oder eben auch nicht. Der gute Charakter ist Ergebnis der sittlichen Bildung, durch die man sich die gehörige Form aneignet. Seinen guten Charakter trägt man so gesehen zur Schau. In Deutschland ist Charakter wie alles Wesentliche etwas Innerliches, das von der Form zu unterscheiden ist. Freilich ist der vermeintliche weiche Kern oft genug so tief in der Innerlichkeit verborgen, dass man Zweifel an seiner Existenz hegen und die Dichotomisierung von innen und außen für reinen Schmus halten könnte, der lediglich durch Hinweis auf die nicht so ohne weiteres verifizierbaren inneren Qualitäten über die so manifesten äußeren Mängel hinwegtrösten soll.

Berlin. «Passensedochauf!» Über den Bordlautsprecher sagt das ein Busfahrer zu einem älteren Herrn, nachdem er ihn in der Tür eingequetscht hat. Sein gutes Herz tarnt er geschickt hinter dem, was landläufig als

Berliner Schnauze bekannt ist. In der eingemauerten Subkultur nahm daran niemand Anstoß, mancher war stolz darauf. In der wiedergewonnenen Hauptstadt jedoch haben sich die Klagen über diese Art habitueller Verbalbrutalität so gehäuft, dass man der Berliner Verkehrsgesellschaft ein «Lächelseminar» verordnet hat, mit wenig Erfolg freilich. So schnell lässt man sich in der Frontstadt nicht unterkriegen. Statt Lächeln also weiter Innerlichkeit.

So auch im Westen der Republik. Düsseldorf wollte eine beherzte Frau mit einer Bürgerinitiative zur «Stadt des Lächelns» machen, ein Prädikat, das der deutschen Stadt mit der größten japanischen Kolonie, wie sie meinte, gut zu Gesicht stünde. Ihre Initiative zielte darauf, in Düsseldorf so etwas einzuführen wie Service, wofür sie insbesondere beim Einzelhandel warb. Der winkte jedoch ab, ja reagierte feindselig. Keine Kooperation, kein Lächeln. Bleiben wir doch beim Wesentlichen!

Während man im Land der Innerlichkeit darauf insistiert, niemanden aufgrund von Äußerlichkeiten zu verurteilen, sind es in Japan Äußerlichkeiten, die sich in die Waagschale werfen lassen, um Zweifel zu begründen, die für einen Angeklagten sprechen können. Der Dieb, der die Schuhe auszieht, bevor er in ein Haus einsteigt, kann kein ganz schlechter Mensch sein, denn er beachtet die Etikette.

Das ist eine sehr formbewusste Gesellschaft, in der solche Maßstäbe gelten, eine Gesellschaft, in der Harmonie durch Ritus hergestellt wird. Von Außenseitern, die woanders aufwuchsen, lange in weniger etiketteorientierten Gesellschaften gelebt haben oder einfach zur Exzentrik neigen, wird das Diktat der guten Form vielfach als Beschneidung von Spontaneität, Freiheit und individuellem Ausdruck empfunden. Sie fragen, warum muss das so sein, da sie gern einen Grund für einen Sachverhalt identifizieren können möchten. Warum ist die Verkäuferin, ist der Busfahrer, sind die Kontrolleure so brüsk? Schlecht geschlafen, Tagesform, auch nur ein Mensch. Ungefähr so. In Japan ist man jedoch nicht auch nur ein Mensch. In Bezug auf rituelle Form ist «Warum?» keine sinnvolle Frage. Die Form ist Selbstzweck. Vergeblich sucht man nach etwas Tiefgründigem dahinter. Insbesondere westliche Besucher Japans neigen dazu, die Förmlichkeit dort – im Jargon der Soziologen – als einen Überschuss an Genauigkeit der Verhaltensregulierung zu diagnostizieren. Aus japanischer Sicht stellt sich umgekehrt die Formlosigkeit der deutschen Gesellschaft als Anomie dar, nämlich als Unordnung, Zweifel und Unsicherheit in allen öffentlichen Bereichen, die den allgemeinen Rückzug in die Privatsphäre immer mehr vorantreibt.

Der Mangel an Form ist bis in die empfindlichsten Bereiche vorgedrungen. Zum städtischen Begräbnisinstitut begleitete ich eine gerade zur Witwe gewordene Dame, die noch einmal einen Blick in den Sarg werfen wollte. Sie war telefonisch angemeldet. Ein Mann im grauen Kittel öffnete: «Hier lang», wies er uns mit einer Kopfbewegung den Weg, «wir machen gleich Mittagspause.» Am Ende des Korridors in einer Ecke stand der offene Sarg. Dahinter lagen blaue Gartenschläuche. Der Graukittel ordnete auf seinem grauen Blechschreibtisch im Korridor hörbar Papiere. Auch nur ein Mensch, der nicht um seine Mittagspause gebracht werden wollte, auf die er jedes Recht hatte. Den, der im Sarg lag, würde das gewiss nicht stören. Dass Menschen in einer solchen Umgebung nicht zu Frohsinn und Freundlichkeit neigen, ist außerdem nur zu verständlich. Allein, wer kann daran zweifeln, dass der Mann im Begräbnisinstitut seine Arbeit besser, auf eine für ihn und die Lebenden, die mit ihm umgehen, angenehmere Weise tun könnte, wenn er wüsste, was Etikette ist.

Die gute Form schränkt ein, gewiss, aber dadurch verleiht sie Sicherheit im Umgang miteinander. Unendlich viele Klischees regeln den Verkehr der Menschen im japanischen Alltag, und das ist nichts Negatives. Man weiß, wie man sich zu benehmen hat. Sozial richtiges Verhalten bestimmt sich als Angemessenheit, nicht als im absoluten Sinne gut. Für jede Gelegenheit, für jede Beziehung, zwischen den Geschlechtern, den Generationen, den gesellschaftlichen Stellungen und Menschen, die sich mehr oder weniger gut kennen, gibt es angemessene Verhaltensweisen und hohle Worte, wie man im Deutschen sagen würde. Im Japanischen sind sie nicht hohl, sie sind schicklich. Der soziale Zusammenhalt wird dadurch gefestigt, freilich auch die soziale Kontrolle. So, wie der Mann im grauen Kittel mit Leuten in Särgen und solchen, die sie noch einmal sehen wollen, umging, könnte sich sein japanischer Kollege überhaupt nicht benehmen, nicht aus Indifferenz und nicht aus Unbeholfenheit. Die Verhaltensklischees der guten Form verhindern das. Wenn einer stirbt, kennt man die angemessenen Worte, man sagt in der dazu bestimmten Form und ohne das als widersprüchlich zu empfinden, dass es in einem Moment wie diesem nichts zu sagen gibt. Der Vorrat an angemessenen Formen für allerlei Gelegenheiten ist reich. Wenn etwas schief geht, entschuldigt man sich mit einer von vielen verschiedenen Formeln, und wenn man Abschied nimmt, sagt man *sayonara*.

## SAYONARA

Alles könnte anders sein. Vieles von dem jedenfalls, was wir tun, könnten wir auch anders machen. Dieser Gedanke ist ermutigend für alle, die nicht nur dem Alltagstrott folgen wollen. Routine ist stark, aber nicht allmächtig. Pfadabhängigkeit nennen es die einen, Tradition die anderen, die Macht der Gewohnheit oder die Blödheit der Kultur wieder andere. Unser Leben wird dadurch geprägt, aber nicht gänzlich determiniert. Ein bisschen Gestaltungsspielraum haben wir, auch wenn wir oft in Situationen sind, wo wir nur sagen können: «Nun, wenn es denn so sein muss –.» Wörtlich heißt *sayonara* ebendies: «Wenn es so sein muss». Eine Spur des bitteren Geschmacks der Unvermeidlichkeit haftet diesem japanischen Abschiedsgruß an, der im Übrigen so gebraucht wird wie auf Wiedersehen. Nicht so unbeschwert wie *ciao* und nicht ganz so zuversichtlich wie *arrivederci* klingt *sayonara*. Die Möglichkeit, dass es zu einem Wiedersehen nicht kommen wird, schwingt mit. Zwischen dem, was anders sein könnte, und dem, was so sein muss, bewegen wir uns immer.

Mit einem italienischen Freund unterhalte ich mich darüber gelegentlich. Im Sommer treffen wir uns öfter in den Niederlanden, wo wir uns beide wohl fühlen. Ein

Grund dafür, sind wir uns einig, ist das freiheitliche und unbeschwerte Klima, das dort herrscht. Die Gesellschaft ist bunt und bekennt sich dazu. Lange ist es noch nicht her, da waren die Niederlande eine ernst zu nehmende Macht, Gegner zum Beispiel Japans im Zweiten Weltkrieg, in den sie als großes Kolonialreich eintraten. Die Eroberung Niederländisch-Indiens, des heutigen Indonesiens, war ein wichtiges Kriegsziel der Japaner auf ihrem Weg zur Hegemonie, der in Asien das Ende des Kolonialzeitalters einleitete. Für die Niederlande war die Entkolonialisierung ein schmerzlicher Prozess, der viele Wunden riss und manche nur schlecht verheilen ließ. Letztlich jedoch hat man sich zu einem großzügigen Umgang mit den ehemaligen Kolonien durchgerungen, insbesondere durch eine liberale Immigrationspolitik. Als Surinam 1975 unabhängig wurde, immigrierten 40 Prozent der Bevölkerung der südamerikanischen Besitzung ins «Mutterland», weil sie sich dort ein besseres Leben erhofften. Eine solche Option wurde zum Beispiel den Honkong-Chinesen von England nie gewährt.

Heute leben in den Niederlanden als Folge davon große Gruppen Chinesen, Inder, Molukker, Javanesen und andere. In Deutschland wären sie Ausländer, in Holland sind sie «Allochthone», und es geht ihnen insgesamt gut. Mittelbar mag das mit der Erfahrung zu tun haben, die die Niederländer selber mit Intoleranz gemacht haben, unter deutscher Besatzung (und unter japanischer in Ostindien). Wenn der Ausländeranteil an der Gesamtbevölkerung in Deutschland, wie oft betont wird, größer ist, dann nur deshalb, weil in Holland diese Braunen, Schwarzen und Gelben – nichtwestliche Allochthone werden sie genannt – Niederländer sind. Und all die anderen, die viel später kamen, die Marokkaner und Türken etwa, profitieren davon. Gewiss gibt es auch in den Niederlanden Xenophobie, aber sie ist nicht salonfähig, eine sozial nicht akzeptable Randerscheinung. Dass eine große Volkspartei fremdenfeindliche Parolen in einen Wahlkampf einbringt, wie die CDU 1999 in Hessen und 2000 in Nordrhein-Westfalen, wäre auf der anderen Seite des Rheins kaum vorstellbar. «Kinder statt Inder», ein schmissiger Spruch und so schön rhythmisch. Nicht in irgendeinem linken Blättchen, sondern in dem Magazin des niederländischen Arbeitgeberverbands «Forum» wurde dieses Kind gleich nach seiner Geburt beim Namen genannt: Rassismus heißt es. In Holland reagiert man darauf sehr empfindlich.

Der Unterschied zwischen Xenophobie und Rassismus in Deutschland und in Holland liegt dennoch kaum in den Zahlen. Hüben sind diese Einstellungen wahrscheinlich nicht verbreiteter als drüben. Der Unterschied ist vor allem die bis in die Gegenwart reichende Geschichte. Ein Rassist in den Niederlanden ist einfach nur ein Rassist. Leute, die von der Überlegenheit der weißen Rasse überzeugt sind, gibt es auch in diesem liberalen Land noch immer, kam doch kaum ein Kolonialreich ohne den Geist aus, der sie beseelt. Es käme aber kaum jemand auf die Idee, sie berechtigter- oder unberechtigterweise als «typisch niederländisch» zu bezeichnen. In der Kolonialzeit wurde von Niederländern und im Namen der Niederlande viel Unrecht begangen, insbesondere in den letzten Jahren dieser Epoche, nach dem Zweiten Weltkrieg. Daraus ist jedoch kein allgemeines Stigma geworden. Der Vorwurf, willige Vollstrecker gewesen zu sein, wurde und wird Einzelnen gemacht, nicht dem Kollektiv. Dass es solche gab, ebenso wie Kollaborateure und Sympathisanten der Nazis, wird als historische Kontingenz verstanden, kratzt aber die niederländische Identität nicht an.

In Japan ist das ähnlich, was vielleicht erstaunlicher ist. In den unter dem Sonnenbanner in China und andernorts in Asien während des Pazifischen Kriegs begangenen Untaten sehen in Japan wenige einen Ausdruck der japanischen Kultur oder auch nur eine monströse Verformung derselben. Den Ultranationalismus, dem die japanische Gesellschaft in den dreißiger und vierziger Jahren des zwanzigsten Jahrhunderts erlag, hat sie nachträglich im Diskurs über sich selbst nicht zu einem Wesensmerkmal ihrer selbst gemacht, obwohl die Reaktion am rechten Rand so oft Japans «masochistisches Geschichtsbild» beklagt. Man neigt weniger zum Wesentlichen in Japan, und die Innerlichkeit kennen nur die Bewunderer des deutschen Idealismus. Nicht transzendental begründeten Geboten folgt der moralisch handelnde Mensch, sondern den Praktiken und Erwartungen des Gemeinwesens. Verfehlungen erscheinen unter solchen Umständen mehr als Schwäche denn als Ausdruck des Bösen. Man braucht ihnen keinen Platz im Nationalcharakter einzuräumen, was immer das sein mag. Im allgemeinen Lebensgefühl in Japan schlägt sich das nieder. Die Menschen haben insgesamt ein unverkrampftes Verhältnis zu der Haut, in der sie stecken, beziehungsweise zu ihrer Kultur.

Wie die Debatte um das Buch von Daniel Goldhagen zeigt, ist das in Deutschland immer noch ganz anders, hat die Hinterlassenschaft der zwölf Nazi-Jahre eine unvergleichbare Qualität. Dank ihrer wirkt selbst Schwarz-Rot-Gold vor einer Villa aufgezogen ganz anders als Blau-Weiß-Rot vor einer auf der anderen Seite des Rheins. Flagge zeigen ist hierzulande immer noch mehr als bloß unschuldiges Dekor. Durch die Rückkehr zu einem großen Deutschland in der Mitte Europas ist das nicht besser geworden. Es fehlt die Gelassenheit, mit der die Niederländer (und viel mehr auch als die Deutschen die Japaner) zum Ausdruck bringen, dass sie mit der Kultur ihres Gemeinwesens bei allen Differenzen im Detail und vielen Verbesserungswünschen einverstanden sind. Die Identifikation mit Bräuchen und Eigenarten des Alltagslebens ist ungebrochen, obwohl sich die Gesellschaft durch den enormen Zuzug aus Übersee im Laufe des letzten halben Jahrhunderts tief greifend gewandelt hat. Diese Kombination von unbefangener Bodenständigkeit und Weltoffenheit ist ein großer atmosphärischer Reiz des niederländischen Gemeinwesens.

Natürlich gibt es auch noch andere, ganz handfeste Gründe, über die Grenze nach Westen zu fahren, die Lebenshaltungskosten zum Beispiel. Leistet etwa die niederländische Post weniger als die deutsche? Kaum. Warum ist sie dann halb so teuer? Ein Brief nach Japan kostet drei Mark, aber nur einen Gulden und sechzig Cent. Briefe von Holland nach Deutschland zu schicken ist billiger, als Briefe von Deutschland nach Deutschland zu schicken. Unter Firmen hat sich das herumgesprochen. Grenznahe Betriebe verschicken ihre Post inzwischen systematisch von den Niederlanden aus. Wie bei der Bahn ein unzweideutiges Anzeichen von Misswirtschaft und davon, dass man in Deutschland geschlafen hat. Mit der Differenz zu dem Porto, das die Neujahrskarten nach Japan in Deutschland gekostet hätten, konnte ich einen ganzen Wochenendeinkauf machen mit Lebensmitteln, die wesentlich billiger sind als im niederrheinischen Vorort, einmal ganz abgesehen davon, dass sich auch auf dem Wochenmarkt die niederländische Weltoffenheit sehr angenehm bemerkbar macht. Der Markt, das weiß man in den Niederlanden schon lange, birgt die beste Chance des gefälligen Umgangs miteinander.

Mein italienischer Freund sieht das genauso wie ich. Trotzdem fragt er mich immer, wenn wir uns in Brabant treffen, warum denn die Leute wohl dablieben. Ihn macht das Wetter in den Niederlanden depressiv, kaum überraschend, wenn man in Florenz lebt. Halb Holland fährt jedes Jahr nach Kreta, die andere Hälfte teilt sich zwischen Benidorm und Rimini auf. Die Niederländer kennen den Unterschied zwischen erträglichem und unerträglichem Wetter genau. Wieso also bleiben sie da? Spätestens am dritten Tag seines Aufenthalts treibt den Freund diese Frage um. Ich gebe dann regelmäßig zu bedenken, dass es außer dem Wetter noch andere Umstände gibt, die man berücksichtigen könnte, er sollte doch mal an die Grachten in Amsterdam denken, an Nordseekrabben und das Konzertgebouw-Orchester, an Ingwerkuchen und Radtouren über die Deiche. Und dann beginnen wir regelmäßig unser philosophisches Gespräch darüber, wie man sein Leben einrichten soll und vor allem wo.

Philosophisch ist vielleicht etwas viel gesagt, denn die einfache Antwort auf die Frage, warum die Niederländer in den Niederlanden, die Niederrheiner am Niederrhein und schließlich auch die Florentiner in Florenz bleiben, ist natürlich, weil sie keine Wahl haben, die meisten jedenfalls nicht. Aber wir stellen uns eine ideale Welt vor, wo die Option der Ortswahl gegeben ist, und überlegen dann, an welchem Ort wir sein wollten oder, etwas abstrakter, wie der Ort beschaffen sein sollte, an dem wir leben wollen. Spätestens dann wird deutlich, wie schwer sich hier verallgemeinern lässt. Manche verstehen diese Frage als Aufforderung, darüber nachzudenken, wie sie an der Gestaltung der Umgebung, in der sie leben, mitwirken sollen; für andere bedeutet sie, wohin sie gehen sollen. Die Sesshaftigkeit wird von manchen überhaupt nicht in Zweifel gezogen: Warum sollten sie das Gemeinwesen verlassen, in dessen Mitte sie aufgewachsen sind?! Immigration erscheint ihnen nur als hartes Los plausibel. In dieser Hinsicht gibt es freilich nicht nur individuelle Unterschiede und Präferenzen.

Die Sesshaftigkeit ist eine Zivilisationserscheinung und daher variabel. Auch in unserer Welt gibt es neben der Verbundenheit mit der Scholle und dem Dasein des blasierten Großstädters, der seinen Geburtsort nicht zu verlassen braucht, weil, wie er meint, die Welt zu ihm kommt, das Leben im Caravan und neue Formen des Nomadentums. Ströme von Menschen ziehen ständig durch die ganze Welt, Flüchtlinge viele von ihnen, gewiss, aber pensionierte Zugvögel, die in Florida, Arizona oder Mallorca überwintern, um den Sommer in nördlicheren Gefilden zuzubringen, sind dazu nicht verdammt, sie folgen ihren Neigungen. Was sind die Kriterien, an denen sich die Güte des Lebens an einem Ort bemisst? Wetter? Durchschnittseinkommen? Frömmigkeit? Lebenserwartung? Die Ehrlichkeit der Politiker?

Leicht ist es, einzelne Aspekte herauszugreifen und zu vergleichen. Ein Unternehmen wie etwa die Deutsche Bahn einem Warentest zu unterziehen ist relativ einfach, da kann man mit Mark und Pfennig rechnen. Ebenso könnte man an die teure und nicht übermäßig zuverlässige Post, die Deutsche Telekom und viele andere Betriebe denken. Was die Kunden erwarten, was sie bezahlen müssen und was sie bekommen, sind bekannte Größen; Vergleiche mit entsprechenden Einrichtungen in anderen Ländern sind möglich. Einen Test der Ware Deutschland oder auch nur Niederrhein durchzuführen ist erheblich schwieriger. Zu groß ist die Komplexität eines ganzen Landes, seiner Institutionen und seiner Gesellschaft. Da muss man sich mit Vergleichen behelfen und sich auf einzelne Parameter konzentrieren, die Lebenshaltungskosten, Bäume pro Einwohner, die Länge der Sommerferien. Wer würde in ein anderes Land ziehen, weil dort die Sommerferien länger sind? Auch das Gewicht solcher Kriterien ist variabel.

Amerikaner sind mobiler als Deutsche, sind eher bereit, wegen der Arbeit den Wohnort zu wechseln. Ist das so, weil sie eine Nation von Immigranten sind oder weil das System der Sozialversorgung sie dazu zwingt? Japaner dulden es, dass Familien jahrelang getrennt leben, wenn der Vater in einer auswärtigen Filiale arbeitet und die Mutter mit den Kindern am Schulort bleibt. Ist das so, weil sie auf ein Familienleben keinen Wert legen oder weil die wirtschaftlichen Strukturen ihnen keine Wahl lassen? Wer einzelne Gründe nennt – die Japaner sind fügsamer; die Schulbildung der Kinder ist ihnen wichtiger als alles andere, und deshalb kommt ein Umzug während der Schulzeit nicht in Frage; Ehen sind soziale Reproduktionsmechanismen, die die Erbfolge sichern und weniger auf Emotionalität gegründet; und so weiter – läuft Gefahr, zu vereinfachen oder einzelnen Faktoren zu viel Gewicht zu geben oder beides zu tun. Vieles wird eben so getan, wie es getan wird, weil über Alternativen wenig nachgedacht wird, weil alle es so tun und, indem sie es so tun, die Kultur ihrer Lebenswelt reproduzierend langsam verändern.

Als ich studierte, kamen unsere Lehrer mit ihren Pfeifen in den Seminarraum. Wer rauchen wollte, tat es. Bis man die Tafel nicht mehr sehen konnte. Heute ist das undenkbar. Damals mussten sich die Nichtraucher den Zwängen fügen, die viele von ihnen gar nicht einmal als solche empfanden. Gelegentlich darum zu bitten, das Fenster zu öffnen, war etwa so weit, wie man gehen konnte. Heute gelten die Interessen der Nichtraucher als legitim, und die Raucher müssen sich fügen. Nicht einmal Filmhelden rauchen mehr. Warum das so ist, lässt sich leicht begründen, aber zu erklären, warum die Nichtraucher just zu dem Zeitpunkt die Überhand gewannen, als das geschah, ist sehr viel schwieriger. Denn hierfür mussten eine ganze Reihe sozialer, wirtschaftlicher, wissenschaftlicher und kultureller Umstände zusammenkommen. Selbst wenn alle Faktoren bekannt sind, lassen sich keine zuverlässigen Prognosen machen, wann sie eine bestimmte Wirkung haben werden. Systemtheoretiker glauben, dass sich hier kein prinzipielles, sondern nur ein faktisches Defizit zeigt, das uns daran hindert, das Funktionieren eines Gemeinwesens in lückenlose Kausalzusammenhänge zu zerlegen. Viele von uns, die über Kultur reden, hegen demgegenüber, ohne sich dabei besonders wohl zu fühlen, den Verdacht, dass auch die voranschreitende Erkenntnis den Rest an Unberechenbarkeit, der kollektives Verhalten kennzeichnet, nicht gänzlich ausräumen wird. Das heißt nichts anderes, als dass wir als soziale Wesen uns von allen Zwängen, die auf unser Leben einwirken, nicht werden befreien können. Sich anderen als den gewohnten Zwängen auszuliefern, die Möglichkeiten des Andersseins auszukosten, hilft ein wenig dabei, den sozialen Charakter dieser Zwänge zu verstehen. Zwängen ist man überall ausgesetzt, aber sie sind überall etwas anders. Wir versuchen – ein Aspekt der Globalisierung und des Wettbewerbs im Detail unterschiedlicher Sozialsysteme und Kulturen – zu verstehen, welche die besten Zwänge sind. Die Frage, wo und wie man leben will, reduziert diesen Versuch auf seine individuelle Dimension. Die Basisbedingungen haben jedoch immer allgemeinen Charakter.

Anfang der achtziger Jahre war Amerika *out,* weil es hohe Arbeitslosigkeit, viele Kriminelle, gigantische Staatsverschuldung, Bildungsnotstand und überhaupt nur schlechte Stimmung gab. Niemand in Europa oder Japan sprach sich dafür aus, dem amerikanischen Vorbild zu folgen. Es war keins. Jetzt ist Amerika wieder *in,* weil Arbeitslosigkeit und Staatsverschuldung beseitigt, Kriminalität zurückgedrängt und der Bildungsnotstand nicht so schlimm ist, im Großen und Ganzen jedenfalls. Darüber, dass der Ausbau von Gefängnissen schneller voranschreitet als der von Oberschulen, kann man hinwegsehen, und schon kommt das Heil wieder aus den USA. In Japan ebenso wie in Europa wird von Politikern und Publizisten gleichermaßen danach gerufen, amerikanische Rezepte anzuwenden, und das enorme Gewicht der Vereinigten Staaten hat zur Folge, dass das in vielen Bereichen tatsächlich geschieht. Freilich richtet man den Blick dabei fast ausschließlich auf messbare Kriterien, materielle nämlich. Dass ideelle Güter sich nicht so leicht quantifizieren lassen wie materielle, bedeutet aber nicht, dass sie nicht ins Gewicht fallen. Und das sind nicht nur die Werte, an die wir alle glauben, Pressefreiheit, Gleichheit vor dem Gesetz und so weiter. Aber wie beeinflussen sie schließlich die Güte des Lebens und individuelle Entscheidungen?

Jeder stellt Kosten-Nutzen-Rechnungen an, ob er weggeht oder bleibt, wo er ist. Trägheit spielt eine Rolle und Neugier. Das Bedürfnis nach materieller Sicherheit kann man gegen die ungewisse Aussicht auf größeren Reichtum oder Abenteuer abwägen. Ob man lieber auf dem Land lebt oder in der Stadt, in einer vertrauten oder neuen Umgebung, in einer Stadt mit einem Opernhaus oder in einem Kaff mit Schützenverein, das sind zum Teil Fragen des Geschmacks. Alle Faktoren zu berücksichtigen ist unmöglich, schon weil vieles nicht voraussehbar ist und Vorlieben sich ändern. Viele Menschen wissen ja gar nichts von den Schönheiten eines Schützenvereins. Wo man besser lebt? Kompliziert, wie diese Frage ist, hat man selten Anlass und Muße, sie überhaupt zu stellen. Wenn man aber wandert, drängt sie sich auf. Alternativen in vielen Bereichen des täglichen Lebens springen ins Auge, und außerdem wird man gefragt, warum man so und nicht anders entschieden hat.

Zu allgemein gültigen Aussagen ist man dabei nicht gezwungen, sondern kann sich mit subjektiven Urteilen bescheiden.

Ein Freundesfreund niederrheinischer Abstammung, der seit zwanzig Jahren in Paris lebt, sprach mit mir darüber, was dafür und dagegen spreche, das Spiel so zu spielen, wie es den lokalen Regeln entspricht. Er erzählte, wie er sich lange und mit Erfolg darum bemühte, ein guter Pariser zu werden, was ihm dann später gar nicht mehr so wichtig war, dass er aber gleichzeitig immer mehr Abstand zu den Regeln gewann, nach denen er sich in seiner Kindheit richtete. Die Regeln ändern sich und man selbst auch. Durch das Leben woanders wird dieser Gemeinplatz, kamen wir überein, etwas stärker akzentuiert. Dann fragte mich der Wahlpariser, der gerade dabei war, Paris wieder zu verlassen, ob es irgendetwas gäbe, was mich aufatmen ließ, als ich an den Niederrhein nach Deutschland kam, das ich von früher kannte. Nein, sagte ich spontan, denn das war in dem Moment meine feste Überzeugung. Ein Gefühl der Erleichterung hatte der Umzug bisher nicht aufkommen lassen, Unzufriedenheit mit Ungewohntem, mit dem ruppigen Ton, mit unerwarteten Mängeln, mit Defiziten, die es in der Erinnerung nicht gab, hingegen täglich.

Ich dachte aber weiter über die Frage nach, eine kluge Frage, wie mir schien, denn sie zielt auch auf die Dinge, die ein Index der «Lebensqualität» nur schwer oder gar nicht erfasst. Was ist ein Lächeln wert, das man umsonst kriegt? Mein italienischer Freund wird trübsinnig, wenn er die Sonne nicht sieht, andere, wenn sie kein fröhliches Gesicht sehen. Die objektiv messbare Lebensqualität in Deutschland ist trotz der skandalösen Arbeitslosigkeit, an die man sich gewöhnt hat, insgesamt hoch, hoch genug, um viele wünschen zu lassen, hier leben zu dürfen. Die Lebensfreude aber oder auch die Einsicht, dass viele Faktoren, die im Warenkorb der Ökonomen keinen Platz haben, das Lebensgefühl entscheidend mitbestimmen, scheint die Saturiertheit wenig gefördert zu haben. Dem Wohlstand entspricht keine von der Gesellschaft ausgestrahlte Zufriedenheit.

Dinge, die mich aufatmen ließen, gab es, der Wahrheit die Ehre zu geben, dennoch zwei: die Zentralheizung und die Luft. Zentralheizungen sind in Tokyoter Häusern noch immer eine Seltenheit, teils weil Tokyo sehr südlich liegt, auf derselben Breite wie Casablanca, teils wegen der leichten Bauweise, die dezentrale Heizanlagen favorisiert. Auch für diese Art von Zwang wird gern die Kultur bemüht. Ein Kotatsu ist ein Loch im Fußboden, in das man ein kleines Heizöfchen – früher ein Holzkohlenbecken – stellt und über dem ein Tisch unter einer Steppdecke steht, um den man sich setzt, um die Füße in das Loch baumeln zu lassen, die auf diese Weise warm gehalten werden. Eine äußerst milieufreundliche, da energiesparsame Heizmethode, von der viele Japaner sagen, dass sie obendrein noch Inbegriff japanischer Geselligkeit und Gipfel der Gemütlichkeit sei. Von allen kulturellen Errungenschaften Japans hat sie mich am wenigsten überzeugt. Wer beides kennt und die Überlegenheit der Zentralheizung nicht anerkennt, ist ein Lügner, ein Selbstverleugner aus Überzeugung oder sehr jung, wie Ulysses, der die Reize des Kotatsu kennen gelernt hat wie Monsieur Swann seine Madeleines.

Und die Luft. Tokyo ist kein Luftkurort. Obwohl die Stadt lange nicht so schlimm ist, wie sie oft gemacht wird, lässt es sich doch nicht leugnen, dass die Häuser sehr dicht aneinander stehen und der Wind, der vom Pazifik hereinbläst, bitter nötig ist, um zu verhindern, dass man immer weiß, was der Nachbar kocht, und überhaupt die Luft rein zu halten. Dabei muss man anerkennen, dass sich die Lage sehr gebessert hat. In den siebziger Jahren durften Verkehrspolizisten an Kreuzungen nie länger als zwei Stunden Dienst tun, wegen akuter Vergiftungsgefahr. Inzwischen aber sorgen die schärfsten Emissionsgesetze der Welt dafür, dass man die Tokyoter Luft wieder relativ unbeschwert atmen kann. Smogalarm ist nicht häufiger als im Ruhrgebiet. Dennoch, andernorts atmet man freier und hat einen freieren Blick, am Niederrhein zum Beispiel.

Während ich dies schrieb, kamen hier heute Morgen schon die Wildgänse vorbei, zum Greifen nahe, und *Ramona, Egbertine, Cawi, Innuendo, Elisabeth Bell, Fluvius, Theadora-D, Hans Nico, Venus* und selbst *Athene*. Die Vielfalt ist beträchtlich: *Hendrina, Almira* und *Breezand, Vacando, Ulrike, Joma, Etna, Confience, Vivaldi, Va-Banque* und *Millennium* auch. Ob ich nichts anderes zu tun habe, als den Schiffen nachzusehen, die vorbeifahren? Anderes schon, Besseres vielleicht nicht. Die Schiffe haben phantasievolle Namen, die ich mit unbewaffnetem Auge sehen kann, und hübsche Wimpel, viele haben das Auto des Kapitäns oben auf der Kajüte, auf manchen ist ein Hund. Oft läuft ein Matrose mit Schlauch und Schrubber an der Reling entlang und macht sauber, denn auf Schiffen muss man immer sauber machen. Stromab sind sie im Nu vorbei, während sie in entgegengesetzter Richtung mit schwer stampfenden Maschinen gegen die Strömung nur mühsam vorankommen. Und was sie alles transportieren, Kohle und Sand, Öl und Gas, Holz, Schotter, Getreide, Autos und das, wozu sie werden, Schrott. Viele sind voll beladen mit Containern, manche sprechen Beifall heischend zu mir und sagen: Ich bin 60 Lkw. Und immer wieder sind es andere. Außerdem ist es einfach schöner, aus dem Fenster zu sehen als auf den Bildschirm, auf den breiten Strom, die Bäume am anderen Ufer, die Möwen vor dem weiten Himmel, kein Haus im Blickfeld. Und da kommt sie auf dem Niederrhein stromab, Richtung Rotterdam vorbeigesegelt, unter Schweizer Flagge, aus Gründen, die sich auszudenken etwas zu gewollt wäre und die tatsächlich nur der Eigentümer kennt, die *Sayonara*.